Thale Lind

Die Verfemten von Amsterdam

Erzählung aus dem 16/17. Jahrhundert in den Niederlanden

Thale Lind

Die Verfemten von Amsterdam

Erzählung aus dem 16/17. Jahrhundert in den Niederlanden

Rediroma-Verlag

Bibliografische Information der Deutschen Nationalbibliothek:
Die Deutsche Nationalbibliothek verzeichnet diese Publikation in der Deutschen Nationalbibliografie; detaillierte bibliografische Daten sind im Internet über http://portal.dnb.de abrufbar.

ISBN 978-3-98885-086-7

Umschlagillustration: Renee Rott

www.rediroma-verlag.de
10,95 Euro (D)

Inhalt

Vorwort

Ereignisse, die die Zeitspanne von vor etwa 450 Jahren betreffen, sind eine Art literarische Universalien. Also Merkmale, die in jeder späteren Zeitepoche auch zu finden sind, selbst wenn sie einst aus einer gewissen Tradition heraus entstanden und später fast als absolutes, also immer gegebenes Merkmal dieser Zeitepoche auffindbar sind. Was die Menschen damals erlebten, war aus einer betroffenen Sicht aber eine gigantische, jahrzehntelange Verzweiflungstat, unvergleichbar mit dem Heutigen.

Die Erzählung bezieht sich auf eine Universalie in Mitteleuropa im Übergang vom 16. in das 17. Jahrhundert. Für eine Zeitepoche und historische Situation spanischer Besatzungsherrschaft über die geografisch größer als heute geltenden Niederlande. Es galt, ungezählt viele Menschen mit den Methoden der „Schwarzen Legende" zu beherrschen. Methoden der königlichen und militärischen Gewalt, zusammen mit dem sich tumorartig entwickelnden Besitzadel und dem Königshaus, das durch einen die damalige Welt besetzt haltenden Komplex aus Land- und Marktmacht regierte – mit dem Ziel der völligen Abhängigkeiten. Was trotz allen kollektiven Zwangs und individueller Nötigung nie erreicht wurde. Davon blieb, was etwa 1916 von dem spanischen Historiker Julian Juderias beschrieben wurde, die „Schwarze Legende".

In der Erzählung, die hauptsächlich in einem Amsterdam, das wenige Jahre zuvor von der spanischen Herrschaft befreit wurde, stattfindet, führte ein besonderes Schicksal dazu, dass ein Niederländer und eine Spanierin nicht jene Fehler machten, die gegenüber den heutigen Umbrüchen allgemein eher hingenommen werden: weiter Marionetten im Glauben zu bleiben, statt frei von der Angst, selbst vor den Stricken des Todes.

Ehemals, Ende des 16. und Anfang des 17. Jahrhunderts, waren die Stricke schon da: als kirchliches Glaubensdogma. Bis auf jene nirgendwo Verzeichneten, die eher wie die Protagonisten lebten, um ihr eigenes Leben zu erschaffen, es wieder neu zu erschaffen und es so nicht nur für sich erschufen.

1. Abschnitt
Das Ruin

Sie mussten nicht auserwählt sein oder etwas Besonderes haben, aber es sollte weitergehen in den etwas abseits gelegenen Gebieten der Stadt, seit dem Übergang in das neue Jahrhundert, dem siebzehnten. Obwohl ab 1607 etwa, einer Windstille gleich, ein seltener Stillstand in den allgemeinen Beziehungen zu den Randgemeinden eingetreten war.

So geschah es in einem der abgelegenen Vororte Amsterdams, in dem die mehrstöckigen, schön gestalteten Gebäude fehlten, wo sich im Übrigen aber, gleich einer lang gekräuselten Schnur, unterbrochen von Landflächen, deren moorige Oberflächen noch nicht ganz abgetrocknet waren, kleine, teils ärmlich wirkende Häuschen hinter weitläufigen Dornen-, Strauch- und Baumhecken hinzogen.

Etwas abseits der holprigen Landstraße erhob sich ein verwittert aussehendes Gebäude, heckenumwachsen mit Erlen, Birken, Ulmen. Von der Ferne gesehen wirkte es eher wie ein ranken- und moosüberzogenes Stein- und Holzgebäude. An einigen Stellen lugten Mauern hervor, gezeichnet von der durchgeschüttelten Strenge des Wetters, dahinter Räume, in denen die Dunkelheit blendete. An dem mit Steinquadern aufgerichteten Mittelbau hing in den hölzernen Türbalken eine quietschende Tür, hinter der sich ein staubgeborener Flügelanbau befand. Daneben, durch eine Mauer getrennt, ein von Efeu umfangener, im Lichtschatten separierter Turmbau, verwittert, als wäre aus seinem Rund einst alles herausgeschrien, geronnen, verknotet in einen nie aufgelösten Bann, inzwischen hindämmernd, vom Verlassensein still und mit grauen Spinnennetzwelten überzogen. Die, die mit ihren lärmenden Pferdekarren vorbeizogen, streiften mit nur einem verstohlenen Blick das baumumstandene Ruin, sodass es weit mehr als ein Jahrzehnt lang niemanden mehr gegebenen hatte, der den Preis für dieses verkommene Anwesen hätte zahlen wollen.

Aber an einem lichten Tag, nahe vor dem ersten Schnee dieses Jahres, wurde ein Fremder beobachtet. Er stieg behände von seinem Pferd, das breite lederne Satteltaschen auf dem Rücken trug, machte es an einem der Bäume auf dem Grundstück fest und schritt ruhig und suchenden Blickes alles ab. Offenbar ein Zufall, vielleicht nur ein Vorbeireisender, denn von ihm sahen die, die ihn beobachteten, nur schwarze Reitstiefel und einen wehenden Umhang, als er auf seinem Pferd in Richtung der Stadt davonritt.

Tage später, fast wieder zur gleichen Tageszeit, sah man das Pferd wieder dort grasen und man sah auch den Mann mit dem welligen Hut. Offenbar trug er einen Degen und war behandschuht, also ein Zeichen, dass es jemand war, der nicht arbeiten musste. Wieder schritt er alles ab und als er die schmale, brüchige Turmpforte öffnete und hochsah, hatte er offenbar das gefunden, was er gesucht hatte. Er blieb nicht, ritt wieder davon. Wer war er? Ein Geuse, ein adlig reicher Bettler oder gar ein Spanier, der eine undurchsichtige Absicht hatte?

Die, die ihn beobachtet hatten, machten finstere Mienen, blinzelten ungläubig, als wollten sie die unangenehme Vision vertreiben. War das womöglich ein Übriggebliebener aus der Schwarzen Legende?

Die aus den Nachbarhäusern, die alten Niederländer, sie erzürnten sich heftig, drohten und besprachen sich untereinander, um dann monatelang die ganze Angelegenheit zu vergessen. Eine Zeitspanne später war es durch neugierige Jungen, die diese vergessene Vision der Alten in ganz anderem Licht erschienen ließ.

Dem Reiter selbst lag es keineswegs am Vergessen. Nach dem zweiten Gewahrwerden in dem Haus und Grundstück war er sich sicher, dass alle Fragen mit dem hispanischen Krämer, dem jetzigen Eigentümer in seinem Laden in der Nähe des Hafens von Amsterdam, zu tun hatten, den er jetzt aufsuchte.

Der Krämer, bekleidet mit einem verzierten langen Bauernmantel, der seinen gekrümmten Rücken etwas verdeckte, fixierte ihn lange. Dabei ließ er immer wieder die Hand über seinen grauen langen Bart gleiten. Dieser Fremde hatte an diesem kalten Tag als Erster seinen Laden im Stadtinnern betreten und stand ihm nun gegenüber.

Er mochte zwischen dreißig und vierzig Jahren stehen, hatte dunkles Haar, aber an einigen Stellen war es grau meliert durchzogen, sein Angesicht trug scharf gezeichnete, verbitterte Gesichtszüge, braune Augen und einen gepflegten Schnurrbart. Seine ganze Kleidung war dunkel, bis auf einen gelblichen fächerförmigen krausen Kragen, der um die Schulter bzw. seinen Hals gelegt war und sich nach vorne v-förmig öffnete, und durch einen wallartigen Umhang, der seine kräftige Gestalt verdeckt hielt. Er hatte seine schwarzledernen Handschuhe ausgezogen und reichte dem Krämer die Hand. Der nahm sie an und wies ihn wortlos an, sich umzuschauen und sich dann an einen Tisch neben einem kleinen, vor sich hin brennenden Feuerofen zu ihm zu setzen.

Von den hölzernen Deckenbalken des Ladens hingen Netze jeder Art, die Regale waren voll mit Seilen, Geräten und manch anderem brauchbaren Zeug für die Schiffe und

Schifffahrt, und über allem lag der unverwechselbare Geruch von Tee.

Noch stehend sagte der Mann verhalten: „Im Anwesen habe ich die Signatur in der stillen Strenge des Turmes und oben an der Feuerglocke erkannt, sie ist der meines ehemaligen Aufenthaltsortes gleich. Gibt es Zeichnungen von allem? Und für welchen Preis gäbet Ihr mir das Anwesen?“

Als er sich dem Krämer gegenübersetzte, schrieb dieser den Preis auf ein kleines Pergament und sie einigten sich. Daraufhin stand der Krämer auf, um die Karte des Grundstücks zu holen. Er entnahm sie einer großflächigen Mappe, auf der „Familienbesitz“ stand.

„Ihr seid also hohen Standes“, stellte der Krämer fest und legte die Karte auf den Tisch.

„Ich zog meine Handschuhe aus. Ihr wisst, was das bedeutet?“

„Ja, Ihr arbeitet, Herr, wie unsereiner auch. Seid jemand gewesen, als müsstet Ihr auserwählt worden sein, etwas Besonderes zu haben. Ihr solltet ein Zeichen geben.“

Wie irritierende Bilder aus einer überwunden geglaubten Zeit flackerten in dem Besucher beunruhigende Erinnerungen auf.

„Ja, so ist es. Mein Name ist Balthasar. Balthasar Paul.“

„Und wie noch anders?“, fragte der Krämer und fuhr fort: „Und, Herr, dann seid Ihr verarmt, aber ganz anderes fiel Euch zu!“

Er beantwortete diese Frage nicht, stattdessen sagte er: „Schreibt meinen Namen in diese Kaufurkunde, die ich im Bürgermeisteramt vorlegen muss.“

Während der Krämer die Urkunde erstellte, bekundete sein Gegenüber höchstes Interesse, ja, sein Blick vertiefte sich in die Karte, als könne er geradezu nachvollziehen, was den damaligen Architekten dieser Zeichnung veranlasst hatte, dieses Gebäude so anzulegen, wie es war. Mehr noch bekam der Krämer mit, wie sich die Mimik und Haltung seines Gegenübers noch deutlicher änderte, als dieser die Hand auf den Namen dessen legte, der sie gefertigt hatte.

„Nein, nein … das ist ganz unmöglich“, waren Balthasars erstaunte Worte.

„Doch, es ist so, dieses Haus mit dem Turm entwarf Francesco de Marchi, der Festungsarchitekt des herzoglichen italienisch-spanischen Hauses Farnese und Begleiter von Margarethe von Parma. Er lebte 1576 in L'Aqulia in den Abruzzen, bis er dort verstarb“, ergänzte der Händler. „Herr, wollt Ihr es hören, da auch ich mit de Marchi verwandt bin, was mir und allen Verwandten unendlich oft erzählt wurde? Und fast mehr noch die große Mappe mit jedem einzelnen von ihm gezeichneten Blatt, der ich Eure Zeichnung entnahm. Wobei Ihr es ahnt: Über allen liegt der Schatten der Schwarzen Legende. Das heißt, de Marchi ließ spanische Gefangene an diesen Bauwerken arbeiten, selbst wenn deren Mauern danach einstürzten, obwohl nicht ein Feind auch nur seine Hand auf sie gelegt hatte. Schließlich ließ er diese Gefangenen auch nicht köpfen, stattdessen aber einmauern.“ Der alte Mann mit dem eindrucksvoll grauen Bart und gekrümmten Rücken, der Nachfahre de Marchis, hielt ein. Seine flammenden Augen verrieten sein tief feuriges Temperament.

In der Erwartung, mehr über das Anwesen zu hören, das er gerade erworben hatte, forderte er den hispanischen Händler auf: „Sprecht nur.“

So begann dieser: „Dass nämlich lange vor unserer Zeit L'Aquila und die fast neunundneunzig Dörfer und Weiler einmal von einem schweren Erdbeben heimgesucht wurden und viele starben. Mit circa achttausend Einwohnern war diese Stadt einst die wichtigste Festung im Königreich Neapel in den Abruzzen. Bevor 1528 Kaiser Karl der Fünfte L'Aquila, deren Bewohner rebellierten, für die spanische Krone eroberte. Zwecks Aufrechterhaltung ihrer Macht und zum Schutz gegen die unzufriedenen Aquilaner erbauten die Spanier eine stark gesicherte Trutzburg, die Forte Spagnolo, bei L'Aquila. Margaretha von Parma hatte davon gehört. Sie lebte damals hier, in herrschaftlichen Räumen, die zu dieser Trutzburg gehörten. Von einer der Begegnungen, die sie dort hatte, wurde wieder und wieder erzählt:

Es war ein Abend im herbstlichen Oktober 1573, in einem der stillen Räume brannten Kerzen und wieder erinnerte sie sich ihrer Hochzeiten, zuletzt der zweiten, als sie als Witwe Ottavio Farnese heiratete. Das war vergangen, nicht aber, dass sie dann jenen Mann zu sich rufen ließ, der sie bei ihren Hochzeiten begleitet hatte und der inzwischen im Dienst der Farnese stand. Man nannte ihn Capitano, Hauptmann, wegen seiner Verdienste um die Festungsarchitektur. In Parma war er als Artillerie-Kommissar für die Modernisierung der Stadtbefestigung und später für den Ausbau des herzoglichen Geschützparks tätig.

Ein Jahr vor ihrer Berufung zur Statthalterin der habsburgischen Niederlande hatte sie ihn zum „Obersten Kommissar" des im Bau befindlichen Palastes des Farnes berufen, in der eroberten italienischen Stadt Piacenza. Er entwarf auch jene Hochzeitskutsche für Alessandro Farnese, den Sohn

Margarethes, der 1565 in Brüssel Maria von Portugal heiratete. Diese Prunkkutsche war ab diesem Zeitpunkt dem modischen Adel vorbehalten."

Der Krämer hielt ein, um dann fortzufahren: „‚Seid mir willkommen, Francesco De Marci', begrüßte Margarethe den neunundsechzig Jahre alten Mann. ‚Lange schon seid Ihr in meinem Dienste, und ich gab Euch kaum Geld, um Papier zum Schreiben und Zeichnen zu kaufen. Aber was tatet Ihr? Ich bewunderte es, was Ihr tatet, zeigtet mir trotz allen Mangels, dass Ihr bis zur äußeren Grenze gehen wolltet. Ich weiß Francesco, Ihr wart nicht allein, hattet zwei Begleiter, einfache Leute von hier. Erzählt mir!', bat sie.

‚Herrin, was soll ich viele Worte machen', antwortete er. ‚Ich litt unter der Abgeschiedenheit, hier am Ort, den Ihr für uns wähltet. Deswegen erinnerte ich, bevor ich aufbrach, wie ich einst Festungsmauern und Euren Palast planend bemaß, so konnte ich wohl auch das dreitausend Meter hohe Gran-Sasso-Massiv berechnen, um es zu besteigen, was wir auch taten, und das in fünf Stunden, um am helllichten Tag auf dem Corno Grande, der höchsten Erhebung, zu stehen. Fast war es, als sähen uns die hohen Lüfte nicht, sie streiften uns, ergriffen uns aber nicht. Nächsten Tages kletterte ich dorthin, wo das Gegenteil war. Die achtzig Meter tiefe Grotte – in ihr rieselte immerzu etwas, es klang wie das Murmeln einer versteckten Quelle – am Fuß des Massivs und in der Stille der Mitternacht geboren.'

‚Ja', antwortete nach einer bewundernden Weile Margaretha, ‚dafür auch rief ich Euch zu mir. Auch ich ahne, dass etwas noch geheim fern um mich herumschleicht, noch ganz ohne Ton, Farbe, ohne Facetten. Es verändert sich, dreht sich und lässt sich noch nicht ergreifen.'

‚Habt Ihr eine Ahnung, Herrin?'

‚Ja, die habe ich, tropfenweise sog sie mir schon mein Blut und meinen Mut auf, wird ohne mir ein Wort gesagt zu haben wieder schweigen. Ich soll von hier wieder gehen. Doch mich gegenwärtig Bestimmungslosem unterzuordnen, wäre mir unangemessen.‘

Zwischen beiden gab es noch manche Gespräche, doch keines, dem diese Ahnung galt, bis knapp drei Jahre später, am 15. Februar 1576, Francesco de Marci in L‘Aquila, der ihr fast zweiundvierzig Jahre gedient hatte, starb. Sie verlor ihn“, schloss der Händler.

Balthasar fragte: „Warum nur habt Ihr als Eigentümer und Erbe der Zeichnungen dieses Hauses durch Euren Omen nie in diesem Haus gelebt?“

„Nun, dies ist gewiss nicht alles, aber es ist die Brücke zu meinem Ahnen, Herr Balthasar“, erklärte der Händler weiter. „So ist es, genau nach dem so Rätselhaften fragt Ihr. Ich mache es kurz. Dieses Haus wurde nie für den Hochadel entworfen, sondern für einen reichen holländischen Händler, der nicht weniger verschlagen war, als es auch die spanischen dieser Zunft waren. Er ließ das Haus erbauen, nahm aber nur Kinder der Ärmsten auf und ließ es von hässlichen Dienern führen. Die Kinder, sie mussten ohne Unterbrechung arbeiten, um Pfähle, die später in den Grachten als Stützen dienen sollten, zu machen. Waren sie erschöpft, wurden sie krank, ließ man sie in diesem Haus, meistens im Turm verhungern. – Versteht Ihr jetzt, was die Zeichen im Turm uns sagen? Als wir, spanisch lebende Leute wie meine Frau und ich, vorher aus der Grenzregion nach Amsterdam kamen, stießen wir auf dieses Haus und seine zur Familiengeschichte gehörende Zeichnung. Das war, bevor wir diesen Laden eröffneten. Ich nahm mehrere Geldsäcke, mit denen ich zu dem holländischen Eigentümer und Händler ging, und sagte ihm, sofort, ja sofort würde ich sein Haus für diese Säcke voller Münzen, die dem Wert nach weit mehr waren als Tausende hölzerne Pfähle, kaufen. Der geldgierige Holländer stimmte sofort zu, denn der Bau des Hauses interessierte ihn nicht, sondern nur der Ort, denn daraus zog er viele Gulden, aus der Kinderarbeit, die dort betrieben wurde. Wir entließen zuerst die bedrohlich grauenhaften Bediensteten dieses Händlers, die er für die Kinder angestellt hatte, und gaben diese zehn Kinder an ihre Eltern zurück, mit Gulden für Nahrung und Kleidung. Unwiderruflich erkannten wir es, dies war nicht unser wahres spanisches Erbe, dieses Haus, dieses Anwesen. Den gesichtslosen, dunklen Fluch, der über diesem Anwesen lag, haben wir, als es keiner mehr bewohnte, selbst an manchem Merkwürdigen ausgemacht."

„Ja", bestätigte Balthasar ihm, bevor er aufstand, den Preis zahlte und nach Zeichnung und Urkunde griff, „auch ich werde Fluch, Weisheit und Trauer kennenlernen, hier, wo ich noch fremd erscheine. Doch die Dinge werden mir, wie Ihr es für mich tatet, ihren geheimen Sinn anvertrauen. Seid gewiss, so Ihr es wollt, käme ich gerne wieder." Damit verabschiedeten sie sich.

Mit der Hoffnung in ihm und durch das, was der hispanische Krämer ihm gab, dass er nun einer sei, der einst das von De Marci entworfene Haus bewohnte, ritt er langsam durch die winterlich anmutende Stadt, irgendwann einer vierspännigen Pferdekutsche mit schweren Materialien ausweichend, die sich aus der Stadt heraus auf das ferne Den Haag zubewegte. Fast traurig, sich wieder besinnend, ließ er den Stadtteil hinter sich, denn aus Wehmut und unbestimmter Sehnsucht, die Gegenwart der Zukunft unterzuordnen, wäre unangemessen gewesen.

Inzwischen erreichte er das Rathaus. Mag es nicht mein Bethaus werden, dachte er. Ein in Angst und Unsicherheit gewobenes Gefühl ergriff den dunkel gekleideten Mann, der sein Pferd befestigte, den welligen Hut tiefer in die Stirn zog und dessen Hand die Zeichnung und Urkunde fest umschlossen hielt, als er den Vorraum betrat. Einen schmucklosen Raum, nur vier kleine Bänke, leer, mit geschlossener Wandtür, als wäre dies der Bereich der Zeitlosigkeit. Dort auf dem Holz der Tür stand es: *Minderheiten, Spanier, Zugereiste sind zu warten verpflichtet.*

Balthasar, lange schon in einer der Bänke sitzend, geriet in innere Zeitlosigkeit, die ihn fragte, was er sei. „Tretet ein, Herr“, sagte der in einen eindeutigen Amtskittel Gekleidete, der die geöffnete Wandtür aufhielt und Balthasar aus seinem Tagtraum erlöste.

„Ja, ja“, reagierte er, stand auf und folgte dem Amtsmann in seinen Arbeitsraum.

Es war kurze Zeit später, als Balthasar des Rathauses Stufen hinter sich ließ und sein Pferd wieder bestieg, als öffentlich verzeichneter Amsterdamer Haus- und Grundstücksbesitzer in der Vorstadt.

Eine Woche später, schon tagelang hing Nebel vom Meer über der Stadt, standen auf dem Grundstück Balthasars zwei große Kutschen vor dem Haus. Erst als die Fackeln im Dämmern angezündet werden mussten, war das, was sie an Kisten, Kästen und Körben geladen hatten, von vielen Händen abgeladen. Nachts kam eine weitere, kleinere Kutsche vorgefahren, aus der ein breites Dunkles gehoben und in das Haus geschoben wurde.

Wirklich wahrgenommen wurde nicht, was der Fremde an Möbeln oder sonst irgendeinem Gerät bei sich geführt hatte, weil sich von dem Straßenweg her gesehen nichts veränderte. Neugierige Jungen, die Tage später beim Spiel einmal die dichte Dornenhecke überstiegen, welche das Eigentum des Herrn Balthasar Paul umgab, hatten durch die wenigen Fenster gelugt und eine wohnliche Ausstattung erkannt. Es konnte nur durch düster verzauberte Hände dazu gekommen sein, denn von einem Einzug war niemandem etwas bekannt. Also stand von jenem Moment an für manche Bewohner der Vorstadt fest, dass dieser Fremde mit dem Bösen im Bunde sei. Sie neigten sofort zu aller Art Aberglauben, da ihnen, ortsansässigen alten Bewohnern, teils noch die Erinnerungen an die Schwarze Legende und die häufig benutzten Guillotinen eigen war. Wodurch, verbunden mit ihm, unglaubliche Schreckensbilder und damit Unheil für sie, die seine Nachbarn waren, auftauchten. Die Indizien der Nachbarn, dass Herr Balthasar wahrlich mit dem Bösen in Verbindung stand, waren ihnen eindeutig. So war bei Tag doch nur ein Bauer mit einer langen Hose und einer Tunika aus gröberem Stoff, billigem Holzschuhwerk und einer Art Kappe, die fast das Gesicht verdeckte, zu sehen. Unmöglich konnte das Herr Paul sein, und noch dazu Bauer, da erstens einem ungehobelten Menschen, was Bauer hieß, nie, ob in der Straße, dem Viertel, der Stadt und überhaupt, für dieses Anwesen ein solch erhebliches Vermögen zufiel. Zweitens waren die sonst so verwachsenen wilden Hecken nicht nach dem Weg, sondern nur zum Haus hin beschnitten und das an einem einzigen Tag und ohne dass das jemand gesehen hätte. So blieb den allen eigenen unsicheren Blicken nur eines: sich von dem Anwesen, dem Haus, am besten von allem abzuwenden. Am schwersten wog, dass der rechtmäßige neue Besitzer keinerlei weibliche Bedienung in sein Haus nahm, obwohl alles nach der Pflege und Sorgfalt einer Frauenhand, und nicht nach der eines ungebildeten Bauern schrie. Aber irgendwie vermeinte eine Marktfrau zu wissen, Balthasar Paul sei zuvor in der Steinbäckerei am Ufer der Amstel oder eines anderen Flusses gewesen. Er sei eben ein verrückter Erfinder, der ein besonders hartes Produkt zum wasserdichten Bauen geliefert und dadurch ein kleines Vermögen erworben habe, von dem er nun wahrlich in Ruhe leben könne. Diese und andere merkwürdige Reden über ihn blieben, bis später neue Zuwanderer aus Flandern in den Vorort kamen. Da sich nach und nach das Interesse der weiblichen Bevölkerung in der Nachbarschaft an ihm verlor, weil sich seine so sichtbare Verachtung ihres Geschlechtes nicht änderte, belegten sie ihn mit Fluch und Bann.

2. Abschnitt
Der Vermesser

Zehn Jahre, bevor Balthasar Fluch und Bann ausgesetzt war, etwa so lange, kam es in der gleichen Stadt, nicht aber am gleichen, sondern einem anderen Orte in ihr zu einer Begegnung, einer, die jene, die betroffen waren, lange nicht mehr losließ. Um sie in all ihrer Tiefe zu verstehen, war es notwendig, davon zu wissen, was doch ganz unpersönlich schien, und was vor dieser Begegnung lag. Was war es?

Der Amsterdamer Bettler war auch der Befehlshaber jener städtischen Truppe Soldaten und der diesen Befehl gab. So riskierte er, ihn dem holländischen Leutnant namens Adalbert von Uphoven zu geben. Es ging um die Vermessung, und das außerhalb, weit außerhalb der Stadtmauern Amsterdams, nah in der Landschaft vor Den Haag, dort, wo sich die niederländischen von den spanischen Gebieten trennten. Erprobt im Kampf mit den Spaniern entging dem Befehlshaber nicht, dass diese merkwürdigen Grenzen lange schon außerhalb jeder Worte lagen und eine Erfahrung waren. Dass sie ein Grenzbereich waren, der nicht durch Suchen gefunden werden konnte, aber nur der, der sie suchte, konnte sie finden. Genauer: die Grenze zwischen der Republik der sieben vereinigten niederländischen zu den spanisch beherrschten Provinzen. Das unbefestigte Grenzgebiet, durch das sich noch keine markierten Linien zogen, und das nach etwa fünfundzwanzig Jahren, seitdem das goldene, das heißt, von spanischer Beherrschung freie Zeitalter, ab 1581 langsam heraufzog und inzwischen in eine alltägliche, eine fast vergessene Zeit geriet.

So waren es Bewaffnete, die weit von Amsterdam, aber nah vor Den Haag auftauchten, von ihm – wie einem Schnösel wirkenden –, dem niederländischen Leutnant Uphoven angeführt, mehrere Soldaten, die das Gebiet besichtigten, um es dann zu vermessen, Grenzpfosten zu setzen und so die Geländekarten zu verbessern. Bis dann alle Pferde, Reiter und Bewohner mitten auf einem kleinen Hof standen. Leutnant Uphoven beharrte darauf, dass ab jetzt die Grenze mitten durch das Grundstück gehen werde und er, seine Soldaten und ihre Pferde, aufseiten der Republik stünden.

Die ansässige spanische und aus anderen Völkern stammende kleine Sippe, die ihn befragte, was sie wollten, vermutete, er hätte getrunken, weil sein Gestikulieren nach Überheblichkeit stank und er einfach nicht wusste, was er redete, wenn er über Grenzverläufe sprach, die keine waren, weil sie je nach Gewinn oder Verlust einer Heeresschlacht rasch wechselten. Weil zudem mitten auf einem kleinen Hof kein Soldat darauf beharren konnte, dass dort eine Landesgrenze liegen könne. Frech schrie er, er sei niemandem Rechenschaft schuldig, am wenigsten der ansässigen spanischen und aus anderen Völkern stammende kleinen Sippe, die ja ohnehin Neuniederländer werden würden.

Da brauchte es nicht viel, dass die Bewohner sich gezwungen sahen, diese sinnlose Anmaßung zu beenden und mit ihren Waffen seinem Trupp entschlossen eine gehörige Abfuhr zu erteilen und zu verjagen. Was aber tragisch ausartete, weil das kleine, noch unbeholfene Kind jener jungen spanischen Mutter, die hier lebte, in den ausgestreckten Degen dieses Leutnants lief. So verlor auch der Ehemann der Frau beim Schwertkampf mit einem holländischen Soldaten sein Leben. Die Frau, die alles mit ansah, sah auch, dass dieser Leutnant Uphoven noch nicht einmal die Augen vor Scham senkte, als sein Degen dem Kind das Leben nahm.

Sie, die Isabella Alvarez hieß, war in ihrem unheilbaren Schock und Schmerz, als ihr alle von dem Grenzhof halfen und schließlich an der Grabstelle außerhalb des Hofes den verstorbenen Ehemann, auf seinem Arm sein Kind, dem Tod übergaben.

Sie selbst, Tage später in der dann heraufziehenden kommenden Nacht, füllte einen Rucksack und nahm ein kleinwüchsiges Pferd, um sich für diese nie wiedergutzumachenden Taten an dem Täter zu rächen, koste es, was es wolle. Dieser zornige Entschluss brannte innerlich und bestimmte ab jetzt Isabellas Lebensrichtung und sie selbst auch deren Lösung.

Dabei allerdings ritt sie in die Schwärze, es war noch Nacht. In sie hineinzublicken half, denn bald erkannte sie auf der breiten Heerstraße die Umrisse der Wagen mit den aufgesteckten Fackeln. Hörte Hufgetrappel und Stimmen reisender Wanderer, die ihr entgegenkamen, aus und auf dem Weg nach Amsterdam, und denen sie sich unbemerkt anschloss. Die Reise dauerte, das hatte sie mit den Mitreisenden gemein, nicht ewig. Sie war vor einem der großen Stadttore Amsterdams, gleich der nächtlichen Dunkelheit im ersten Tageslicht, zu Ende.

Dort, in mehreren Hütten stationiert, war eine aus Soldaten bestehende Wache. Sie hielten die Arbeits-, Lohn- und Brotsuchenden an, kontrollierten auf den vollgeladenen Pferdewagen die Waren der Händler und Krämer, verlangten Zoll für die Einfuhr in die Stadt, winkten sie dann durch oder schickten sie mit Gewehren winkend wieder zurück. Sie waren nicht allzu zahlreich, und die, die nichts weiter als einen Sack Kleidung und Kleinzeug bei sich hatten – Isabella Alvarez gehörte dazu – konnten das Stadttor passieren. So erreichte sie unbehelligt den breiten Platz hinter dem Tor, allgemeiner Lagerplatz wurde er genannt, an dem für die Angekommenen vieles leichter wurde. Hier gab es beaufsichtigte Pferdeställe, hölzerne Rasttische und dahinter, zur Stadtmauer hin, Schenken. Überhaupt eine Art Sammel- und Treffpunkt für viele und vielerlei. Dieser Platz fand seine natürliche Grenze mit den Gassen und Straßen, die hier mündeten, vom oder weiter ins Stadtinnere, bis zum Hafen hin.

Nachdem ihr Pferd untergebracht war, schulterte sie, etwas unsicher und müde von der Anstrengung, den Kleidersack und fand Platz an einem abseitsstehenden Tisch, der nur noch von einem Mann, sicher älter als sie selbst, besetzt war und der sein Angesicht über einen Weidekorb hielt. So hörte sie, wie er wieder und wieder in den Korb hineinsprach: „Sei nur still. Sei nur still“, wobei er Isabella nicht gewahrte. Erst als eine Bedienung zu ihnen kam und sich erkundigte, ob sie Bier, süffigen Wein oder durststillendes Wasser wollte, wurde sie des Mannes gewahr. „Bringt uns Wasser und einen Wein“, sagte er der Bedienung und wandte sich wortlos erst Isabella, dann wieder dem Weidekorb zu.

Da das Gewünschte bald angebracht wurde, ermutigte Isabella sich, die ihr fremde Frau, die bediente, in nicht ganz Niederländischem und in einem umständlichen Sprachton zu fragen, zu wem sie gehen solle, wenn sie in einer der Schenke arbeiten wolle, und wo sie eine Unterkunft finden könne.

Die missmutige Holländerin betrachtete sie skeptisch. „Wie heißt du, spanisches Weib?“, fuhr sie sie heftig an.

„Ich heiße Isabella Alvarez.“

„Was?“ Sie erstarrte, hielt das Tablett mit beiden Händen, um dann aber loszubrüllen: „Nein, nein! Dich stellt in ganz Amsterdam niemand ein, niemals, niemand!“ Dann riss sie wortlos die von dem Mann auf den Tisch gelegte Münze an sich und verschwand eilig.

Hatte ihr Gegenüber dies alles, auch diesen inneren Schrei ihrer verwundeten Seele, einfach achtlos überhört? Verzweifelt, enttäuscht, fragend schaute sie ihn an. Schloss aus diesem blassen, müden Gesicht, dass er Niederländer war und nicht wie ein verarmter Händler, sondern wie ein Edler bekleidet war. Sein Blick hatte etwas Seltsames, das wider Willen an ein Angesicht erinnerte, wie man es nur selten gewahrte und das keinem Antlitz auf einem der üblichen Porträts glich, auch nicht dem, das sie vor einiger Zeit von ihren Ahnen auf dem Hof gesehen hatte. Mit den Augen, die ein wenig zu dicht beieinanderlagen, war sein Blick unterhalb der etwas niedrigen Stirn durchdringend, und wider Willen begegneten sich ihre Augenpaare mehrmals. Mit einer deutlichen Verwirrung wandten sie sich voneinander ab – und wieder zu. So sah sie auf seine stolz herausgearbeitete Nase und seinen gleichförmigen Mund, umrandet von seinem gepflegten Bart. Von diesen Momenten, die kaum mit denen des zeitlichen Empfindens etwas gemeinsam zu haben schienen, verwirrt und gleichzeitig entmutigt sagte sie nur: „Danke“ und meinte den von ihm bezahlten Krug Wasser und das Glas Wein, das vor ihr stand. Das waren die Worte ihrer ersten Begegnung in Amsterdam.

Aus dem Weidekorb erscholl das herzerweichende Wimmern eines Kleinkindes, das sich – in derselben Lautstärke wie die Worte der brüllenden Holländerin – von einer gefahrvollen Drohung in schluchzendes Weinen verwandelte und beider Aufmerksamkeit auf sich zog. Der Mann versuchte, es mit leisen Worten zu beruhigen, was ihm aber nicht gelang und ihn eher unruhig werden und verzweifeln ließ, weil von einem anderen Tisch schon Blicke auf den über den Weidekorb gesenkten Hut herüberkamen.

„Gebt es mir nur, Herr“, kam es schließlich sanft und freundlich von Isabella.

Es war für ihn schwer zu sagen, wie alt sie war.

Tatsächlich war für einen Moment der Unterschied zwischen ihr und ihm aufgehoben, als er das Kind behutsam aus dem Korb hob und es sorgsam in ihre hingehaltenen Hände legte, woraufhin sie es in eine Decke wickelte und an sich nahm. Er sah sie fragend an und ihm entging nicht, dass ihr dabei Tränen in die Augen getreten waren, und ihr entging nicht, dass sich in seinem vorher verzagt zweifelnden Blick und den gepressten Lippen erleichtert etwas löste.

Eine Weile waren es nur die Geräusche des weiten Lagerplatzes, über den der Wind stöhnte, brauste und brüllte, wimmerte und erlahmte, die man hörte, der sie beide aus ihrer Fassung brachte, die sie zuvor eben erreicht hatten. Weil sich hinter ihnen tastend und drängend, Groll in den Böen, Bosheit in der Luft, Wortklänge unterschiedlich vibrierender Sprachen, Stimmen, Pferdegetrappel und Gequietsche von Karren auftat, wie würde sich dieser aufnötigende Lärm allein um ihren Tisch sammeln wollen. Aber er nahm des Kindes Schlafesstille, zerbrach sie, und das Wimmern war seines, als sie es in den Korb zurücklegte.

„Ja“, begann er zögerlich, wie wäre es ihm schwer, so zu ihr zu sprechen, „auch ich kann Euch nichts sagen über ein Amsterdam, dem Ihr willkommen sein würdet. Denn Euer Name, der Eurer spanischen Sippe, ist hier verhasst, sehr verhasst.“

„Aber, Herr“, antwortete sie, wobei sie ihr Gesicht in die Sonne hielt, die Augen geschlossen, „ich bin Mutter gewesen und bin jetzt Witwe. Und suche den, der mir das angetan.

Was sich wie eine erschütternde Bergmasse vom Hang gelöst hat und zu mir ging, blieb, mich nun erdrückt, obwohl alle im Grenzland sagten, was er tat, sei sinnlos, sei sinnloser Mord gewesen! Denn die Klingenspitze dieses holländischen Leutnants, dieses Uphoven, tötete mein Kind, genau wie die eines seiner Leute meinen geliebten Mann tötete, alles nur, weil sie mitten durch unseren Hof die Staatsgrenze ziehen wollten. Uns alle, die wir dort seit fast dreißig Jahren lebten, Spanier, einige polnische Immigranten und andere, versuchten die Schergen Uphovens fortzutreiben. Er aber reute noch nicht einmal, was er angerichtet hat, bis die Bewohner zornig aufbegehrten und unnachgiebig sich wehrten, bis sie flohen vor ihnen wie ein Rudel streunender Hunde. Ich hasse sie, werde es aber an ihm rächen, hier, weil das meine Überlebenschance ist, mein Gedicht, für ein Verlorenes, das größer war, als ich es bin."

Sein Blick war warmherzig, mitfühlend, durchsetzt von seiner Melancholie und undefinierbaren Angst. Er kreuzte sich mit dem ihrem. „Grenze … Grenzen", murmelte er zunächst vor sich hin, bis er seinen Blick abwandte und, die Lippen zusammengepresst, dasaß wie erstarrt. Er drückte die Hände wie zu einem Gitter zusammen, bis er mit hoch angespannter, leiser Stimme wiederholte: „Uphoven … sagtet Ihr Uphoven, Leutnant Adalbert Uphoven?"

Isabella nickte bestätigend, sah, wie er dabei war, mit offenen Augen in ein Trauma zu versinken, das ihm sein Selbstgefühl nahm. Dann senkte sie ihren Blick, vermied es, ihn aus seinen Gedanken zu reißen, und wandte ihn wieder dem Kind in dem Korb zu.

Erst durch eine Art innerer Klärung sah er wieder auf, erblickte hinter ihr den weiten Platz, erkannte, hier käme niemand von ihnen weiter. Deshalb sagte er ruhig: „Lasst zu, dass wir über drei Ereignisse reden. Über das, was Euch passierte, Eurer Sippe Namen und das, was in Eurem Arm liegt und schläft.“

„Ja, dies würde meinen inneren Aufruhr beruhigen“, erwiderte sie.

„Ihr seid mutig, Isabella, zu kommen, um diese Tode an der derzeit reichsten holländischen Sippe zu rächen. Was die Bedienung eben meinte, als sie sagte, Euch stelle in ganz Amsterdam niemand ein, ist wahr. Denn es verbirgt sich vieles um Uphoven, was Ihr gerne sehen würdet, und was sich zeigt … Ich weiß nicht, ob Ihr es sehen wollt. Im Verbergen wird manches erst sichtbar, auch ich weiß darum. Diese Rache dauert Jahre. Was glaubt Ihr, wollt Ihr so lange an ihr festhalten?“

Obwohl ihr Blick beständig nach unten auf das Kind und auf die Erde darunter gerichtet schien, sagte sie zögerlich: „Herr, ich weiß es nicht, was genau ich glaube, aber eines sicher: Ich werde Amsterdam so lange nicht mehr verlassen, bis dieser schwarze Bann in meiner Seele aufgelöst ist.“

„Ich glaube Euch“, erwiderte er, „die Bedienung fragte ja nach Eurem Namen. Der Schwarze Bann hat mit der Schwarzen Legende, dem Namen Alvarez und vergangenen Erniedrigungen zu tun, die einst die Spanier den Niederländern angetan.“

„Aber, Herr, ich habe keinem Niederländer etwas angetan, aber ich will gerne verstehen, um zu erkennen, weshalb man mich so verletzt und vielleicht noch verletzen wird.“

„Deshalb beschloss ich, Euch ernst zu nehmen. So ernst, wie es mir möglich ist. Das heißt, ich entschloss mich, Euch zu helfen, doch fragt mich jetzt nicht weiter danach, bevor ich beizeiten erkläre. Ihr habt gewiss nichts getan“, beruhigte er. „Ich sehe nichts als Eure Liebe für ein fremdes Kind, aber

Euer Familienname ruft die Erinnerung hervor. Wollt Ihr es wirklich hören, was in der Vergangenheit geschah? Denn das alles ist nicht leicht."

„Ja, Herr, aber noch nicht jetzt. Ich sitze hier in meinem dunkelsten Kleid, ich kenne kaum diese Welt um uns herum und ich sehe keinen, der mit mir verwandt, deshalb lasst uns zunächst über das Kind sprechen. – Holt uns bitte ein wenig zu essen, ich bleibe, und das Kind bei mir."

Der Mann ging an die Schenke, wo Händler und andere Reisende standen, beim Wein den Rauch aus ihren Pfeifen ausbliesen, schauten oder in lauten Gesprächen vertieft waren. Er wartete. Bis die feiste Bedienung kam, der er sagte, was er genau wolle, und dass sie ihm keinen Grund geben möge, mit anderem, als er ihr gesagt habe, die schwachen und empfindsamen Wesen, für die er mitbestelle, zu reizen. Ein wenig trug es so dazu bei, dass die Speisen eiligst von ihr an den etwas abseitsstehenden Tisch gebracht wurden.

Ziellose Böen, aber auch Wärme lagen über dem Platz, Wolken verdeckten die Bläue des Himmels und der Lärm schwoll weiter an und ab.

Fast selbstvergessen begann er nach dem Essen wieder: „Dieses Kind heißt Jürgen. Ich fand es, auf dem Zettel in diesem Korb war sein Name, es lag im Gebüsch am Wegrand im Staub der Heerstraße, wimmerte. Es ist nicht meines. Aber es riss mir im Herzen, als ich es sah und aufhob, weil alle anderen an seinem hilflos kläglichen Jammern einfach vorbeiliefen. Ich fühlte plötzlich, die Zeit, ich, mein Leben veränderten sich, als ich den Korb mit dem Kind aufnahm, wo ich doch genau wusste, bei mir, bliebe es bei mir, würde es nur verkümmern." Nur teilweise erfand er, was er ihr und sich selbst nicht einzugestehen vermochte. Jedoch nicht, als er sagte: „Bliebe es bei mir, würde dies Kind, würde Jürgen verkümmern.“ Die Frau war viel zu gerührt, dass ihr Zweifel an seinen Worten gekommen wären, zudem er noch fragte: „Wollt Ihr es mütterlich annehmen, statt meiner, und eine Zeit erziehen? Denn mein Weg führt mich weg von Amsterdam.“

Die Wirklichkeit ihres Gespräches konnte mit dem zeitlichen Dasein nichts gemeinsam haben. So war ihr der Gedanke, wieder Mutter werden, ein voller Gewinn, so wie das Erwachen aus einem wirren Traum voller Verlust. Auf einmal geschah es, so unvermittelt, ein Vorbereiten war nicht da, ein Vorbereiten ihrer Seele für den Sprung des großen Umwandelns.

Die Zeit selbst ließ drei Soldatenhüte durchaus an den Tischen des Platzes vorbeigehen, langsam, so, als suchten sie etwas, was sie aber nicht fanden, um schließlich zum Stadttor hin sich abzuwenden.

Als sie deren Hüte nur noch entfernt vor sich sahen, setzte er das Gespräch fort. „Für Euch wäre gesorgt, Ihr wärt in der Stadt, hättet ein kleines Zuhause für Euch und das Kind, wohntet in dem, was mir gehört, und ich würde Euch eine Art Entlohnung dafür zahlen. Wenn auch nicht viel, aber so, dass Ihr überlebt.“

Nichts davon war unwahr.

Die Tatsache, dass es für eine Spanierin schwierig war, etwas zu finden, wo zu leben möglich wäre, in Amsterdam, setzte die Gelegenheit voraus, dass es doch etwas gab. Sodass der mehrstufige Treppenaufgang zu jener Wohnung und jene kahlen Wände in dem anbauähnlichen Haus halfen, selbst als gutes Omen zu verstehen und alle einfach ausgestatteten, nicht allzu großen Räumen für sie und das Kind – den kleinen Waschraum und die Küche mit Ofen und Ofenbank – als Glücksfall anzusehen. Es fehlte weder an Haushaltsgeräten noch an Mobiliar, nichts aber wirkte kalt, marmorartig oder unberührt.

Señor Paul, so nannte sie den Mann, der bald zu einer Steinbäckerei an der Amsel, weit außerhalb der Stadt, eine Reise tat, die er nicht weiter aufzuschieben vermochte, und der mehr noch ein schweigender Flüchtender auch ihr gegenüber war. Señor Paul, der also aus Amsterdam verschwinden musste, hatte ihr eine Reihe von Instruktionen und Schriftstücken gegeben, mit denen sie bei dem in der gleichen Straße liegenden Bürgermeisteramt bei einer bestimmten Person, deren Namen er ihr nannte, vorsprechen musste. Dies, um als die Frau zu gelten, die einerseits das Findelkind namens Jürgen bei sich mütterlich erziehen und die anderseits als eine in Amsterdam immigrierte Spanierin geduldet werden würde – weil sie ab da sowohl eine Wohnung, die ihr Señor Paul überlassen hatte, ihr eigen nannte, eine langjährige Aufgabe an dem vermutlich holländischen Findelkind fand und auch über ein kleines Jahresvermögen verfügte, das er ihr für das Kind und ihre Person selbst gegeben hatte.

Als sie Tage nach ihrem Einzug bei dem Beamten, den Señor Paul genannt hatte, im Amsterdamer Amt vorsprach, prüfte er mit gesenktem Blick lange die Unterlagen, bevor er in ein amtliches Buch eintrug, was einzutragen galt, dabei aber abwertend den Namen Alvarez vor sich hinmurmelte.

„Nun ja“, sagte er schwerfällig, siegelte dabei die Dokumente, sah mit geringschätzigem Blick auf und gab sie zurück. Dann fuhr er zynisch fort: „Ich stelle fest, dass der, bei dem es um den Namen Alvarez ging, wohl keinerlei Berührung mit Euch hatte." Er signalisierte mit einer wegwerfenden Handbewegung, sie habe sofort zu gehen, statt Antwort zu geben.

Sie schwieg und ging in die Wohnung. An Señor Paul schrieb sie einen Brief, der alles enthielt, auch die merkwürdige, zweifelnd-zynische Bemerkung des Beamten. Ihr Brief an ihn endete:

Bei mir in Amsterdam leuchtet das Angesicht meines Kindes, das war der Beginn. Die Begegnung mit Euch ist so vollständig, doch nicht zu Ende. Sonst leuchtet wenig. Aber Ihr wolltet es mir sagen, ja, ich bitte Euch sehr darum, was es mit dem Namen Alvarez auf sich hat.

Kurz später antwortete er ihr:

Ich stehe allein inmitten der kargen Landschaft, mit dem Fluss, der die Grenze so natürlich bildet zwischen dem Niederländischen und Spanischen, und der Wind trägt die Kraniche gleich freie Gedanken. So bin ich voller froher Gedanken an die Fügung, die Ihr wart und seid, und um nichts in der Vergangenheit ist es mir leid. – Ihr fragtet? Öffnet in der Küche hinter dem Schrank jenen winzig eingelassenen Erker, dort seht Ihr es, öffnet es, das Buch, das mit Eurem Nachnamen beginnt.

Auch wenn Isabella danach für lange Zeit nichts mehr von ihm hörte, war es jedenfalls, wenn sie nachts oder – wenn es das Licht zuließ – unter Tage in diesem Buch las, als ginge sie einen finsteren Hohlweg. In dem Buch begegnete sie längst Vergangenem und es erhellte ihre Augen, aber auch ihr Inneres. Um Schemen jeder Art zu sehen, zu verstehen, jenes aus der Zeit, nicht räumlich, an das sie wie mit unsichtbarer Kette gebunden schien. Sie, sie selbst, trug doch diesen Namen!

Einmal, als sie erschöpft und müde war und ihr das Buch aus den Händen fiel, war es die Erschöpfung des Körpers, nicht die der Gedanken. Gedanken an das große, das mächtige des spanischen Königs, von einem, der alles weiß, der alles, was Götter vermögen, konnte, doch nicht das Vergangene zurück zu beschwören. Doch nicht an den König ihrer Zeit, jenen, der 1572, eine Generation vor ihr, von Spanien aus mithilfe eines Statthalters über die spanischen Niederlande regierte.

3. Abschnitt
Eine Generation früher im Jahrhundert und aus dem königlichen Buch

Der Klang der Leier, der König Philipp durch die Winde, die von den Niederlanden bis nach Spanien drangen, empfing, wurde von einem Rauschen begleitet, das sich wie das Zittern der Ährenfelder im August anhörte, wenn jemand mit gestählter Sichel die schweren Ähren schneidet. Die Sichel, das war sie, seine Strafexpedition, und da war er, der die Strafexpedition ausführte, die 1567 begann und die er, König Philipp, 1573 enden ließ. Der von ihm beauftragte adelige Fernando Alvarez de Toledo richtete als Erstes den „Blutrat von Brüssel" ein. Er selbst nannte ihn „Rat der Unruhen", den von Spanien gewählten Regierungssitz in Brüssel, dem er allein vorstand. Dieser Rat war ein legendäres Gericht, nah an der Grenze der Willkür und des überzeitlichen Anspruchs, in dem jeder Moment ein Sinnbild, ein verkleinertes Abbild des Ganzen, und nur hinsichtlich der Größe davon unterscheidbar war. Es war ein Ineinanderlegen, kein Nacheinandersetzen der Urteile dieses Sondergerichtes zur Durchführung aller im Glauben herrschenden Forderungen der katholischen Einheit. Durch das stetige Vereinen von Vergangenheit und Gegenwart, in dem die Gegenwart zum Nebensächlichen, die Vergangenheit zum gefährlich Drohenden, die Zukunft wie ein längst bekanntes Erlebnis sein sollte, für das fast neuntausend Menschen des Hochverrates und der Ketzerei beschuldigt wurden und von denen mehr als tausend hingerichtet wurden, unter ihnen der niederländische Graf Lamoral von Egmond. Der „Blutrat von Brüssel" galt den protestantischen Aufständischen, den Calvinisten und niederländischen Gegnern, die – lange vor Fernando Alvarez de

Toledo – der spanische Kardinal Minister Granvelle als Bettler bezeichnet hatte.

Die schweren Ähren dagegen waren, was er, Herzog Alvarez, unter dem Einsatz seiner militärischen Söldner zu erlangen suchte: Die Kontrolle der Aktivitäten durch die Beschränkung des Zuganges zu Gütern, Getreide und anderen Dingen des täglichen Lebens durch zahlreiche Verbote, der Inquisition und schließlich die Vereinnahmung allen Besitzes. Sie glich ihm, seinem ausschließlich diesseitigen Leben. Der Tod, auch seiner, schien ihm etwas Sinnloses, seinen Fuß plötzlich Abschneidendes, er verstand nichts von Grenze, darum verschmolz sein Leben mit dem Töten, das zu überwinden ihm nicht gegeben war.

Es war im Jahre 1572, an seinem ersten Tag im Monat der landesweiten Hinrichtungen. Er war es gewohnt, die Richtplätze der Inquisition genau, wenn auch nur von seinem schwarzen Hengst aus, anzusehen. So auch jenen in Antwerpen, nahe bei dem großen Marktplatz, dahinter der Dom.

„Bis jetzt sehe ich nur Schneekrusten“, warf er dem neben ihm reitenden Adjutanten zu. „Wo bleibt das gaffende Volk?“

„Es ist alles bereitet, Herzog. Heute sind es nur drei aufständische Ketzer, die hingerichtet werden, drei Weiber, oft sind es viele Hände mehr.“

„Die Umstände, die mit diesen für die Inquisition vorgesehenen Kreaturen vorgesehen waren, nehmen wieder zu große Dimensionen an. Es sind aber Ketzer. Ketzer verbreiten wegen ihrer fast wöchentlichen Hinrichtung Angst. Wir Erhabenen aber leben doch alleine im göttlichen Glanz unserer Kirche“, folgerte Alvarez. „Doch wäre ich nicht der, der ich bin, brächte meine Neugierde mich dazu, mir diese gänzlich niedrigen Wesen anzuschauen. Sind sie verheiratet? Haben sie Kinder? Sprechen sie unsere Sprache oder haben sie eine eigene? Atmen sie oder vibrieren sie nur? Was denkt der Inquisitionsrat über sie? All diese Fragen bewegen mich und nur Sie können sie mir beantworten“, setzte er fort.

„Aber, hoher Herr, das Urteil ist gefällt, seht doch, der Henker hat schon Aufstellung genommen. Aber warum stehen hier nur die Soldaten und kein Pöbel herum?“, ereiferte sich der Adjutant.

Eisige Windböen fegten über den weiten, fast menschenleeren Platz. Ein paar wenige Soldaten, die der Herzog für nötig gehalten hatte, sicherten das Schauspiel der Hinrichtung ab. Vom Dom her kamen zudem sechs bewaffnete Kirchendiener, die die drei Verurteilten links und rechts begleiteten, und die drei Mönche des Inquisitionsrates.

„Sie kommt dort, die Truppe der Grauen“, formulierte der Adjutant, als er und der Herzog näher auf das Podest mit dem Fallbeil zuhielten.

Groß, einem hochgewachsenen Pferd gleich, war das quadratische Holzpodest von unten nach oben an den Seiten mit Brettern verkleidet und der Leerraum im Innern mit losem Holz ausgefüllt. Am Podest seitwärts außen angelehnt, vom Boden des Platzes aus, erhob sich mehrfache Ellen höher die an Seilen befestigte Guillotine, ihr gegenüber vom Boden bis zum Rand des Podests befand sich eine schmale Treppe. Die Kapuze und Maske des Henkers waren gleichfarbig, er trug ein dunkles Gewand, umfasst von einem breiten schwarzen Gürtel, in dem ein längeres Messer und ein verdeckter Degen steckten. Er sprach leise mit seinem Gehilfen, der unterhalb von ihm neben dem Podest in einer metallenen Schale Eisenstäbe an einer Feuerstelle erhitzte.

Am Adjutanten und Herzog zogen gerade die Grauen vorbei, von denen sich nur die Blutratsmitglieder tief vor ihnen verbeugten.

„Aufgrund welches sündigen Verhaltens vor Gott und dem Kaiser verurteilt Ihr sie?“, fragte Albas.

Einer flüsterte fast daraufhin: „Für die ist längst schon alles vorbei, es ist von ihnen vergessen, das Gute und uns allein Heilige, irgendwie rebellierten sie, sind Rebellinnen des Bösen.“

Die Kirchdiener blieben an der schmalen Holztreppe stehen und ließen eine nach der anderen der drei an den Händen gefesselten Rebellinnen auf das Podest steigen.

Wie dafür, nur dafür, erstarb für Momente der Wind, als sich aus den drei Zugängen zu dem weiten Platz, von je einem Trommler voran begleitet, das Volk, der Pöbel, zu Hunderten und mehr auf den Platz ergossen. Bis auf die Trommeln blieb es danach still. Nur die von allen Seiten himmelwärts erhobenen Knüppel der fast unübersehbaren Menge um die Eingekreisten vermisste an Deutlichkeit nichts.

In die angespannt bleierne Stille schrie unbeherrscht jähzornig der spanische Herzog den Mönchen des Inquisitionsrats zu: „Verkündet endlich das Urteil!“

Einer der mächtigen Blutratsmitglieder wollte das Podest betreten, von oben ließ der Henker aber nur zu, dass er sich auf die unterste Stufe der Treppe stellte. Befangen und viel zu leise, da die Menge und die Verurteilten schwiegen, begann er das Urteil zu verkünden.

„Ich hörte es“, ergriff der Henker mit lauter, mächtiger Bassstimme nach der Verkündung das Wort. Dann zerschnitt er ruhig, ohne Hast, die Handfessel der drei bibbernden und sich ihrem Tod nahe fühlenden Frauen.

„Ihr seid frei“, rief er weithin, vernehmbar in jede Himmelsrichtung, aber von unten kam von dem brüllenden Urteilsverkünder ein entsetztes „Nein, die Weiber gehören der Guillotine!“

Der Henker und sein Gehilfe, der inzwischen auf das Podest gesprungen war, packten die Frauen, eine nach der anderen, hoben sie an und warfen sie in die Menge, in die Richtung, aus der sich ihnen Hunderte hilfreiche Hände entgegenstreckten. Dort, wo keine Soldaten waren, wurden sie aufgefangen und standen wieder aufgerichtet.

Aufgerichtet, als wäre es eine einzige, doch übermächtige Stimme, ertönte der Ruf aus der unübersehbaren Menge dem Herzog, den Mönchen und Soldaten entgegen: „Freiheit, Freiheit von Euch!“

Der Klang dieses Rufes war über dem Platz noch nicht ganz verebbt, als drei Trommelwirbel wie zu einem Signalruf ansetzen und erst wieder einhielten, als es ruhig geworden war.

Der Henker wandte sich um und schnitt beherzt das zum Bersten gespannte Seil am metallenen Fallbeil ab, das schwer und dumpf in den leeren Richtblock einschlug. Zugleich sprang der Gehilfe vom Podest und ergriff ein inzwischen glühendes Eisen, das er in den mit losem Holz angefüllten unteren Raumteil unter das Podest warf. Das vom Wind angetriebene Feuer drang bald aus allen Seiten des Podestes, das auch der Henker zuvor verlassen hatte. Hinter ihm verbrannte die Richtstätte von Antwerpen, man hörte die knisternden Flammen und sah, wie sie mehr und mehr zu einem Flammenmeer wurden und die Guillotine bespuckten. Und das vor den Augen dessen, der die spanische Strafexpedition gegen die niederländische Bevölkerung führte.

Noch blieb es still, nur ein dunkel gekleideter Mann ohne Maske und ernstem Blick, die rechte Hand am Degenknauf

– der Gestalt nach Graf Egmond – ging ruhig durch den schmalen Gang, den die Menge ihm ließ und der sich nach ihm sofort wieder schloss, auf den auf seinem Pferd sitzenden erblassten Herzog von Alba und die spanischen Soldaten, die sich zu einem kleinen Pulk zusammengezogenen hatten, seinen Adjutanten und den Adjutanten des Inquisitionsrates zu, die dahinter in geduckter Haltung verharrten. Dann sprach er laut, langsam, deutlich und niederländisch, sodass der Adjutant übersetzte: „Seht Ihr, Fernando Alvarez“, und wies auf das abbrennende Holz mit dem unbrauchbaren Fallbeil hinter sich, „diese Eure Zeit ist in Antwerpen und überall, nicht nur in der flämischen Region zu Ende. Ich habe inzwischen gelernt, mit allen spanischen Statthaltern zu gehen, nebeneinander im Gleichschritt, mich über Eure Inquisition nicht mehr aufzuregen und mich den Regeln zu unterwerfen, wir sind schließlich Bettler. Diejenige, die das aber nie wollte, war Margarethe von Parma. Ich behalte meine Vereinbarung mit Margarethe von Parma im Gedächtnis und diese, die ihr zu Hunderten seht, die mir treu sind, wissen darum. Die Trommler, die Armen und Bettler. Wir alle sagen der Hölle Dank für die niederländischen Sterne und das Sonnendach über unserem Kopf. Mit welchem Recht sollte ich, sollten wir Euch dafür verurteilen, dass Ihr kein Glück gehabt hat, Eure Gewalt, Eure Strafen, Eure wuchernden Steuern, Eure Übernahmen dessen, was Euch nicht gehört, Eure Inquisition vollständig an uns zu vollziehen. Denn Ihr habt nichts zu schaffen mit unserem bescheidenen Leben, da Ihr euer Schlächterleben scheinbar mit einem gottbegnadeten verwechselt. Was für einen Streit, was für einen Kampf kann es mit Euch schon geben, und mit dem unmenschlichen Schicksal, in dessen trügerischen Dienst Ihr Euch gestellt. Ich sage es Euch, Fernando Alvarez de Toledo, Herzog von

Alba, zieht ab! Margarethe von Parma kommt wieder, sehr bald.“

Alvarez fror auf seinem Pferd, doch davon abspringen und den Niederländer direkt zum Kampf auffordern war nicht möglich, sie wurden allerseits dicht bedrängt. Ihm möglich war ein gellender, spanisch ausgerufener wilder Schrei: „Nein, niemals!“, mit dem er sein Pferd dazu anstachelte, gegen die Wand aus Körpern anzugaloppieren. Ihm öffnete sich eine schmale Schneise, durch die nach und nach auch sein Adjutant und die bewaffneten Diener der Kirche, die Mönche und die Soldaten mit gesenkten Häuptern noch eilig und unbehelligt das Weite suchten.

Am Richtplatz von Antwerpen, wo die Guillotine unbrauchbar und verkohlt, das Hinrichtungspodest ausgebrannt war, wurde Fernando Alvarez de Toledo ein weiteres Mal besiegt, entwürdigt, weil kein Tropfen Blut den Boden berührte.

Was Isabella Alvarez gelesen hatte, war ihr wie ein Zeugnis über das Abschließen einer Welt. Objektiv etwas Unvollkommenes, denn es fehlte vieles, was vorher war, vor der blutlosen Niederlage in Amsterdam. Subjektiv erlebte sie eine Resignation, die war wie eine quälende Trostlosigkeit, obwohl doch Generationen zurück, und eine allzu starke Sehnsucht, die die Dissonanz auflöste, um sich in dem Nachnamen geborgen zu wissen, oder die schwächliche Bindung zerbrach und blieb nur noch wie unauflöslicher Rohstoff. So hatte sie ihn, ihren Nachnamen, verschwiegen, als eine alte Frauengestalt aus einem Nachbarhaus in der Straße sie fragte, ob sie nähen könne, jene Kleidung, durch die sich untereinander die Schulknaben aus den vermögenden Familien an der Schule der Mönche unterschieden. Vor allem waren es Rüschen, Krausen, Strümpfe und anderes. Die alte Näherin gab ihr Geld dafür, was Isabella annahm, weil es der Frau zu viel wurde und die Augen schmerzten.

Sie war verzweifelt über das, was sie im Buche gelesen hatte, sie nicht betraf, aber das wie etwas Unauslöschliches mit ihr verbunden schien.

In der zweiten Nachthälfte setzte sie an ihrem Küchentisch sorgsam die Feder auf das Papier für den Brief, den sie für Balthasar Paul schrieb und den sie am nächsten Tag einem Boten mitgab. Sie hatte geschrieben:

Herr Paul, es ist alles unglaublich. Unglaublich, dass dies gesagt werden muss. Da sich aber die Natur, wenn sie sich zwar nicht immer zur abgeschlossenen und vollendeten Totalität abrunden kann, doch durch sie etwas objektiv Existentes entsteht, so entstehen in mir zwei Schichten von Realität, die nicht nur im Gewertetsein, sondern auch in der Qualität ihres Seins völlig unterschiedlich heterogen sind, die aber beide keine Heimat für das Erreichen und zur Ruhe kommen sind. So scheint mir im Buch offensichtlich vergessen oder nicht in ihm, aber vom damaligen König und seinen Beratern übersehen, welche Weihe sie auch haben mögen: Völkermord ist die Inquisition, er wird vorsätzlich begangen. Der Adelige aus Antwerpen, der Niederländer, der machte eine Inquisition ohne einen Tropfen Blut, dafür gab es keine Zufälle, sondern Gewissheit. Deswegen ist das, was Alvarez tat, dagegen Massenmord. Deswegen gibt es keinen Sieg für ihn, außer über das falsch Verfeinerte, trostlos vernichtete allem Hohen und Großen, das in uns lebt. Hier in Amsterdam ist von allem, was früher da war, nichts übrig geblieben; wie von Wüstensand überdeckt, bei denen, die mit mir sprechen, solange ich nicht meinen ganzen Namen sage. Sage ich ihn, werde ich verworfen, also schweige ich weiter. Dieser Spanier wollte sie, die widersprachen, nicht gehorchten und etwas aufdeckten, was wirklich geschah, er wollte sie alle nicht. Jene, die sein Einheitserlebnis infrage stellten. Es gibt kein Recht, außer unserer Wahrheit, die von Jürgen, die von Euch, die von mir, die stärker ist.

4. Abschnitt
Zeit der Schwarzen Legende, die Fernando Alvarez de Toledo, Herzog von Alba, zugerechnet wird, von 1567 bis 1573

Das, was vor dem Ereignis am Richtplatz Antwerpen im Jahre 1572 vorausging, war aus den Jahren 1567 bis 1568. Aber es war keinesfalls so, als würden dadurch Antworten gegeben, schon bevor eine Frage gestellt war, sondern eher als würde absichtlich jede Frage verworfen, um von Brüssel aus zu regieren.

Von dort aus, dem spanischen Sitz des Statthalters, der Fernando Alvarez de Toledo war, setzte sein Regime einen gewaltigen Flüchtlingsstrom, über sechzigtausend Menschen, so wurde es geschätzt, in Gang. Dann hieß es weiter, bis zum Jahr 1569 verebbte der Strom Flüchtender, es kehrte wieder mehr niederländische Ruhe ein. Doch die Art dieser „Ruhe" nutzte Alvarez, dass die spanischen Söldner durch die Niederlande hasteten und jenes Spinnennetz der Kontrolle aufbauten, das ihm den Zugriff nicht nur auf die Güter und Anwesen der ständischen, sondern auch auf die der einfachen Bevölkerung ermöglichte. Jener Einfachen, die ihre Seelen mit Stille mischten, sich ängstlich auf den Boden legten, als wären sie gepfählt, betraten die spanischen Soldaten die Hütten. So führte er zwischen 1569 und 1571 in jedem Jahr eine neue Steuer ein, zuletzt die des zehnten Pfennigs (tiende penning), auf alles, was verkauft wurde. Damit beabsichtigte er Schutz. Schutz für das spanische Königshaus, Schutz der öffentlichen Ordnung, Schutz für die Vormacht der Katholischen Kirche und Schutz vor den Aufständischen, die diese Kirchen geschändet hatten. Am wesentlichsten aber war, dass er durch Täuschung und Drohung stets sich selbst schützen konnte, vor der ihm widerwärtigen und traditionellen Zustimmungspflicht der Generalstaaten, die geschickt und zu umgehen das Anliegen seiner Macht war. Doch die Sehnsucht nach der Heimat, nicht im äußeren Sinn allein warmherzig, war die Substanz der Nachricht, die ihn, wo genau, ist unbekannt, dann 1572 erreichte.

Es war nach den landesweiten Tagen der Hinrichtung, dem fünften Monat. Doch dass die spanischen Söldner immer mehr auch von den Waffen der Bettler, den niederländischen Truppen, geküsst wurden, konnte selbst er nicht übersehen. Aber er verstand nicht, nicht genau, welche Art sehnsüchtige Siegesgewissheiten zwischen der Waffe und dem Gebetbuch gemeint war. Der spanische Statthalter selbst hatte es aber immer wieder von den demütigen kirchlichen Mitgliedern des Blutrates in Brüssel gehört: „Wir alle lebten im Schutze Gottes, in Gottes allernächster Nähe, am meisten der Fürst, so lasst uns ihn betend begleiten, den keinerlei Schuld trifft, für das, was er tut."

Fernando Alvarez war gläubig in dem Grade, wie der kirchliche Blutrat, die Inquisitionsfiliale, sein gehorsamer Scherge war.

Im Juni des Jahres atmete er draußen die Luft des Frühlings, der langsam wärmend in den Sommer überging. Aber drinnen war der große, solide, steinerne Ofen erkaltet, als er in dem herrschaftlich ausgestatteten Raum des Gebäudes von Gent saß, etwa sechzig Kilometer von Brüssel. Nachdenklich war er, saß vor den Vorboten zukünftiger Asche. Oder waren das Zeichen der toten Vergangenheit?

Ein Adjutant kam, drang, dass er mit ihm käme.

Nah hinter dem Gebäude begannen die Häuschen derer, die ihre Seelen mit der Stille der Not, des Elends und Hungers mischten. Hier hielt der Soldat an, beide hörten es zum ersten Mal, durch die nicht ganz dichte hölzerne Tür, Stimmen, die sprachen: „Ach, Seva, ach Seva, du gingst uns verloren, durch Hunger und Not.“ Was folgte, war eine Weile Stille und dann ein Gebet:

Teufel unser, der du zu Brüssel haust,
verflucht sei dein Name, vor dem uns graust,
von uns dein Reich sich wende zum lang ersehnten Ende,
dein Wille mag nie erfüllt werden,
wie nicht im Himmel, so nicht auf Erden.
Uns gib heute unser täglich Brot,
Weiber und Kinder leiden viel Not;
keinem erlässt du seine Schuld,
drum bewahre uns alle vor deiner Huld.
Stets wirst du uns in Versuchung führen,
solang diese Lande dein Wüten spüren.
Himmlischer Vater, der über uns thront,
mach, dass dieser Teufel uns verschont,
samt seinem falschen, blutigen Rat,
der stets nur Böses im Sinne hat,
und schick die spanische Kriegsmeute zurück
in die Hölle, dem Satan zur Beute.
Amen.“

„Übersetzt!“, befahl Alvarez dem niederländisch verstehenden Adjutanten.

„Bettler, Bettlerinnen, die vom Geheimnis des Glücks, Ihres Glücks sprachen, Herr“, log er und übersetzte ängstlich, um zynisch lächelnd den Befehlshaber anzusehen und mit ihm in das von ihnen konfiszierte Gebäude der Genter Katholiken zurückzugehen.

Gleichen Jahres, es war 1572, als Bettler und Geusen, die sich auf die Seite des niederländischen Adeligen Wilhelm von Oranien gestellt hatten, die holländische Hafenstadt Den Briel wie heraneilende Lichter einnahmen und die Spanier in das Vergessen ihrer Namen, den Tod stürzten, schlossen sich danach binnen kürzester Zeit fast alle Städte in den Provinzen Hollands und Zeelands dem Aufstand an. Es war, wie Machiavelli, der Schreiber Margarethes von Parma, schon sagte, rein militärische Gewalt, denn Alvarez war nur einer Sprache wirklich mächtig, die wie ein Losungswort untrennbar mit ihm verbunden schien.

Die Wirkung davon, von der Sprache der Bettler in ihrer Wirkung, war ihm nicht wirklich vertraut. Man rieb sie, und darin bestand deren Handwerk: Blank wie Glas – so die Überschrift jener Streitschrift, die sich dort fand, wo die Bettler überall waren. Neige nicht vertrauensvoll dein Ohr jenen, die zu spät sehend werden, und dann: Er nimmt mit Gewalt den Reichtum des Landes und hat viel unschuldig Blut hängen und verbrennen lassen. Er hat auch Egmont und Horn das Leben genommen und den ganzen Adel erniedrigt, das wird von uns, Bürgern und Bauern, beklagt.

Von Gent aus nicht mit allen der spanischen Besatzer, aber in erheblicher Anzahl zog Alvarez weiter auf Amsterdam zu. Auf diesem Strafzug lag die Festungsstadt Naarden, mit wenigen Gassen, kleinen Häusern, starken Mauern, geschlossenen Stadttoren und niederländischen Bewohnern, die nicht willens waren, dass sie aus dem hellen Tag zum Sterben fortgeführt würden. Obwohl ihre Kinder jeden Tag heftiger weinten, die Frauen die gesammelten Früchte der Felder nicht einmal, sondern dreimal am Tag aufkochten und die Männer auf der Mauer zitterten, bei dem, was sich vor der

Stadt zeigte. Ihnen schien es, als würden es immer mehr Spanier werden, so viele, dass jeder von ihnen nur einen Stein aus der Festungsmauer zu tragen hätte, würde sie denn geöffnet und abgetragen, noch aber stand sie und war verschlossen. Es öffnete sich nur eine schmale Pforte im breiten Tor.

Der Stadtobere, ein ehemaliger Soldat, begleitet von einem bewaffneten Mann, ging den beiden Reitern, Fernando Alvarez und seinem Adjutanten, ein wenig entgegen, bis sie verstanden, was Alvarez, übersetzt vom Adjutanten, anbot.

„Kapituliert freiwillig, und ich beteure und gewähre Euch, dass Euer und das Leben aller in der Stadt geschont bleiben, niemandes Haus zerstört, kein Raub und kein Leid den Frauen und Kindern angetan werde; einzig: Ihr müsst kapitulieren, alle Schlüssel zu den Toren mir übergeben. Die Zeit bis dahin ist eigentlich vorbei, doch noch vorbeiziehen soll kommende Nacht."

Die beiden zögerten, ihre Schlüssel zu übergeben. Alvarez hatte das doch für die nahe Zukunft, aber nicht unbedingt für die nächste Zeit angekündigt, ihr Schicksal schien nicht in ihrer Hand zu liegen.

Die wortkarge Begegnung dauerte ihnen endlos, Zerstreuung versprach sie nicht. Dann murmelte der Stadtobere einen Spruch vor sich hin: „Wer seinen Kindern gibt das Brot und leidet nachher selber Not, den schlag mit einer Keule tot."

„Sind wir schon aussortiert? Aber vor uns ist niemand, der statt uns die Schlüssel abgeben könnte", raunte der Begleiter.

Doch irgendwie schien auf einer ihnen unzugänglichen Ebene ein natürliches Verständnis zwischen den Spaniern zu herrschen. Leise klimperten deren Degen an der Gurtkette und sie stellten es nicht ab, ritten stattdessen noch näher auf die beiden zu, bis kein Platz für die Naardener mehr blieb und sie mehr und mehr zurücktraten. Für sie hatte Alvarez alles gesagt.

Den zweiten Betrug und die Lüge, was er beabsichtigte, sprach zunächst nicht er, aber der Himmel über ihm aus, der nie log und die beiden Bewohner der Stadt zunächst eilig und schadlos zurücktrieb. Der Himmel stöhnte, schwankte und wie betrunken entließ er aus der Wolkendecke starken, andauernden Regen, der die beiden Pferde heftig an den Schlaufen ihres Reitzeugs hin und her reißen ließ.

Deshalb war die kommende Nacht noch nicht gänzlich vorbei, als der Betrug und die Lüge des Herrn von Toledo schwärzer als die Nacht und schrecklicher als der Krieg waren und von ihm und seinem Gefolge jenes an der Bevölkerung vollzogen wurde, bis ihre Körper alle Gassen bedeckten, getötet durch die Feuerwaffen der Spanier.

Dann trat jene merkwürdige Stille ein, und anders als die zum Gesang gewordenen Seelen blieben die zum Alleinsein Verdammten zurück. Vor ihnen lag die entblößte Einsamkeit jener getöteten Körper, die dem Herzog von Alba nicht vertraut hatten. Und außerhalb der Festung zog über weite Landschaften um die Stadt Naarden und seine beiden Flussläufe der Meuse und Sambre, von feuchtem Wind getrieben und Nebel eingehüllt, jener unbeschreibliche Gesang der verstorbenen Seelen, weiter, schneller als alle Boten und in alle Himmelsrichtungen des Landes und machten es dem Tageslicht dieses Morgens, aber nicht dem Licht schwerer, heller zu werden.

Ab da, dem Jahr 1572, gab es keine süd- oder nordholländische Stadt mehr, die ihm und seinen Truppen nicht entschlossenen Widerstand geleistet hätte. Widerstand derart, dass das Heer der königlichen Krone und der Herzog von

Alba selbst bei der Belagerung der Städte an ihre Grenzen stießen.

Gleichen Tages stand er an dem Kartentisch in dem Raum des gräflichen Schlossteils der Festungsstadt, genannt Doujon, in seiner schwarzen Kleidung, worüber er die rote Schärpe des spanischen Befehlshabers trug. Alvarez war nicht alleine, es waren noch drei Offiziere und Adjutanten dabei, die ihm gegenüberstanden und hörten, was er ihnen zu sagen hatte, als sie einer nach dem anderen gemeldet hatten, dass weit hinter den Reitställen des Forts Terra Nova, das eine Soldatenunterbringung war, in einem Burggrabenabschnitt alle niederländischen Leichen versengt worden seien.

„Hört", sagte Alvarez, „dieses Ereignis ist für den König, Spanien, den Staat. Der König und ich fordern bedingungslose, ungefragte Hingabe von Euch. Ich fordere Sicherheit von Euch durch die konsequente Inquisition und Besetzung in diesem Land. Und ich fordere, dass Ihr es wisst, diese Dinge und der König und Spanien werden für immer sein, genau wie wir. Bestimmt durch die Erinnerung an unsere glorreiche Vergangenheit werden wir weitere Schlachten schlagen. Hier sind die nächsten Städte, die wir angreifen werden." Und er zeigte auf der Karte, welche er meinte. Niemand gab Antwort, wenn die Offiziere sich fragten: „Soll ich es sein, der die Schuld dieses Krieges trägt?"

Tag um Tag gingen dann spanische Anerkennungen an ihn, seine Heldentat, bis auch des Königs Worte durch seinen Adjutanten überbracht wurde. Dieser fragte dann, als er sie überreichte: „Herr, sagtet Ihr uns, dass Ihr nur dem Allgemeinen dient, was der König befiehlt?"

Alvarez wies diese Frage spöttisch ab, doch was haften blieb und stärker wurde, war Zweifel.

In schwarzer Kleidung, ohne Schärpe und Degen und mit noch dunkleren Augenringen um die müden Augen als je zuvor und in mancher Nacht danach, war Alvarez in dem gräflichen Zimmer alleine. Er schlief am Tisch ein, der mit den Anerkennungen übersät war, wachte auf, zitterte. Zitterte aus einem Traum, einem Albtraum, mit immer neuen Signaturen von jemandem, der williger, gräflicher, königlicher Diener und nur dies war und sich klammerte. Und der Albtraum nahm ihn rücksichtslos wieder fort in eine Zukunft, in seine, mit anderem Namen, in einem anderen Land, später, viel später. Alvarez schlief wieder ein.

Dieser Albtraum war ihm ein bloßer Rausch. Von diesem Tag an, es war, als sei er in ferner künftiger Zeit sich nach Verständnis verzehrend, hockte er alleine an einem Tisch, wie gerade auch. Aber alles andere war anders. Von Weitem war es, nur als Schema erkannte er, es sprach zu ihm: „Zu morden, ist das alles … alles?"

„Aber ich hörte Stimmen!", schrie er auf seinem Lager. „In mir hörte ich sie, musste auf sie hören, wörtlich sie immer wieder wiederholen. Zwanghaft hörte ich, tat, wie ich es immer tat."

Völlige Dunkelheit umgab ihn dann, und er konnte nicht fliehen, denn es gab kein Wohin. „Das ist dein nächstes Schicksal", sagte die Stimme des Albtraums. „In dem wirst du für keinen König, den es schon lange nicht mehr gibt, keine äußere Liebe, die voraussetzungslos ist, in keinem Land, in dem es Sicherheit gibt, sondern nur im inneren Land leben und dort, wo alles sich fortwährend verändert."

Irgendwann waren die Signatur dieses fragwürdigen Sieges um die Festungsstadt Naarden verflogen, dann befahl er, und setzte selbst auch diesen kriegerischen Zug um die Macht in dem Land fort, auf dem Weg nach Antwerpen und durch die Belagerung der nächsten Siedlungen.

Doch sein getreuester Adjutant zeigte sie auf, die Grenzen des Widerstandes der größeren und mancher aussichtslosen Belagerungen, die aber mehr und mehr wurden, als er verletzt wurde und während einer der Belagerung sein Augenlicht verlor und ab da immer jemanden ausfragen musste, wohin man ihn führte am Tag. Einmal, in seinem Ungeschick, hielt er mit seinen zitternden Händen den Herzog am Arm fest: „Ich fühle den besonderen Samt Eures Umhangs“, sagte er. „Herr, Ihr seid es, mögt Ihr die ganze Übersetzung dessen hören, was einst die Bettler sagten, als wir sie in Gent belauschten.“

„Sprich“, reagierte Alvarez in seinem stets befehlenden Ton.

„Herr, gesagt haben die Bettler: Das Geheimnis ihres Glücks ist die Freiheit, das Geheimnis der Freiheit aber ist der Mut, gegen Euch zu sein.“

Alvarez stieß im Affekt den erblindeten Adjutanten daraufhin vor eine Wand: „… Befühle die Steine, von mir aus die Steine der Gräber, aber rühre mich nie mehr an“, schrie er.

Von Woche zu Woche und an jeder der belagerten Städte spitzte sich die Lage zu, bis vor die Guillotine von Antwerpen. Die Nahversorgung mit allem stockte, der Soldaten Erschöpfung war nicht zu übersehen. Ungehorsam, Meutereien wurden üblich, und zwar nicht nur von jenen, die Söldner und keine Spanier waren. In Vergessen, in Abstürze von Rauch und Schreie, Gewehrfeuer, Wirrwarr und Chaos vergingen manche Tage bis in die Nächte hinein. Alvarez wollte schlafen, aber der Schlaf blieb fern, stattdessen irgendwo her, das seinen Horizont eben berührte, manches Gesicht. Albtraumgesicht ferner Zukunft und immerzu

Bettler und ganz unerwartet dann das seines erblindeten Adjutanten, den er mit seinen verdunkelten Augen vor eine Mauer stieß, die plötzlich zu der wurde, vor der er allein stand, unüberwindlich. Von Weitem, nur als Raunen hörend erkannte er es: „… zu morden, ist das alles? Das ist dein nächstes Schicksal“, flüsterte der Albtraum. „In dem wirst du für keinen König, den es schon lange nicht mehr gibt, keine äußere Liebe, die voraussetzungslos ist, in keinem Land, in dem es Sicherheit gibt, sondern nur im inneren Land leben.“

Völlige Dunkelheit umgab ihn dann, und er konnte nicht fliehen, denn es gab kein Wohin.

Am nächsten Tag, einem Augusttag des Jahres 1573, der Traum, er schien im Vergessen versunken, schrieb er an den spanischen König und das erste Mal in einer Sprache, die ihm nicht sonderlich eigen war.

König, König! ... löst mich von diesem Posten ab und holt mich hier raus, und wenn dies nicht möglich ist, dann erschießt mich und räumt mich so aus dem Weg.

Eines der Geheimnisse dieses Herrn der Schwarzen Legende, Fernando Alvarez, war, dass er davon wusste, dass der spanische Königshof nicht über beliebig viele Kandidaten des Hochadels für dieses Amt verfügte und selbst seine Erschießung daran nichts veränderte. Er war aber nicht in der Lage, zuzugestehen, dass seine Außenwelt nicht mehr auf die Idee des Königs angelegt war, weil sie andere subjektive Ideale als die des spanischen Herrschers und seines Stellvertreters in den Niederlanden verfolgen wollten.

Erst Mitte November 1573, fast drei Monate später, kurz nach seinem sechsundsechzigsten Geburtstag – er befand sich gerade an Deck des spanischen Flottenschiffes, das auf der Rückfahrt von Rotterdam nach Spanien war –, fand sich

Fernando Alvarez de Toledo wieder. Er war sich gewiss, König Philipp hatte ihn nicht erschießen, aber durch den fünfundvierzigjährigen Luis de Zuniga y Requesens, einen Mann aus dem katalanischen Hochadel, herausholen und ablösen lassen. Die Stimmung der tastenden Wanderung zog durch die Niederlande jener Zeit, jener, die dem Herzog von Alba zugerechnet worden ist und sich fortsetzte.

5. Abschnitt
Don Luis de Zuniga y Requensens, die spirituelle Resignation und spanische Furie

Bevor im Jahr 1578, also etwa nicht ganz sechs Jahre nach 1573, die Macht der Schwarzen Legende über die ganze Niederlande zwar noch nicht gebrochen, aber brüchiger geworden war, gar sich teilweise aufhob, durch die Vereinigung der Republik der Sieben vereinigten Provinzen, kurz der Vereinigten Niederlande, die die spanischen Besetzungen und deren König nicht mehr anerkannte, ging es um einen Mann, dessen Dolch einige Jahrzehnte nach 1578 in die Hände der Isabella Alvarez gelangte.

Er war am 17. Oktober 1573, als dieser Mann, katalanischer Hochadeliger mit besonderen Auszeichnungen und vorher der Gouverneur vom Herzogtum Mailand, vom spanischen König zum Statthalter der Niederlande berufen wurde. Sein Name war Don Luis de Zuniga y Requensens, der im November die Niederlande und deren Hauptsitz Brüssel erreichte.

Mitte November des Jahres 1573 lag über Brüssel ein unsicherer, heller Tag und bald schon ein Dämmern. Nicht so im Saal der Residenz, in dem einst der Herzog von Alba dem Blutrat vorgestanden hatte und der nicht von Licht, aber von Kerzen, vielen Kerzen erleuchtet war. Die für den Blutrat ausgewählten Geistlichen gingen davon aus, dass der, der jetzt fort war, auch mit dem sei, der vor ihnen stand, freundschaftlich verbunden. Doch sie irrten.

Don Luis de Zuniga y Requensens, bevor er in die Niederlande geschickt wurde, wurde königlicherseits nichts anderes vorgegeben als seinem Vorgänger. Doch hatte seine Bekleidung differenzierte, hellere Töne als das Tiefschwarz des

Herzogs von Alba. Zudem war er der bedeutendste Gegner des Erzbischofs Borromeo von Mailand, auch wegen der Inquisition und einer von ihm unterbundenen Inquisition einer Spanierin.

Deshalb war gleich zu Beginn seiner Rede an diesen Rat sein warnendes Wort an sie: „Wagt es nicht, mich als jemanden und als etwas zu bezeichnen wie ihn! Das Einzige, was Ihr könnt, ist, Eure Hände ins Leere zu stecken. Er ist fort auf dem Weg durch das kalte Meer, dort riecht es eher nach Salz und nicht nach der Not, die hier herrscht."

Das sagte ihnen zur Begrüßung der Mann, der Generalkapitän des Santiago-Ordens war und Jahre zuvor unter Karl dem V. in Deutschland und den Niederlanden war.

„So fordere ich Euch auf, jeden Einzelnen von Euch, alles, was es mit dem Glaubenskonflikt in diesem Land hier auf sich hat, einzuhalten. Zunächst werdet Ihr nicht mehr davon ausgehen können, fast Tag für Tag an der Guillotine und in den Nächten an den Galgen, erst die Unschuldigen und dann ihre Namen hinab auf die Totenplätze zu werfen."

Die demütig tuenden Mitglieder des Blutrates, die sich stets einander versicherten, „wir alle lebten im Schutze Gottes, in Gottes allernächster Nähe", waren plötzlich irritiert und fragten sich, ob sie diesen Fürsten betend begleiten sollen. Bis einer der Geistlichen aufsprang, sich so dem lastenden Schweigen, das eingetreten war, entzog und eine Antwort wagte: „Herr, unser Herz schlägt schwach, ganz schwach, wie aus weiter Ferne. Am hellen Himmel ist es leer, ganz leer. Wie ein draller Kopf sollen auch unsere Köpfe rollen. Ich verstand es so, was Ihr sagtet. Wir haben ihnen, allen Gläubigen, in der Kirche gesagt, sie hätten alle Falsches gemacht, als sie den Calvinisten folgten. Wir hatten ihnen gesagt, wir würden sie auf die Guillotine bringen, wenn Ihr kämt. Doch jetzt soll es anders sein? Gesagt haben wir, alle lebten wir im Schutze Gottes, und wenn sie zurückkehren, werden sie neben ihm stehen. Und damit man weiß, wo seine Stärke ist, sagen wir es offen: Außerordentliche Schönheit wurde ihm nicht zuteil."

Der andere der Geistlichen, denen die Herzen so schwach schlugen, ersparte ihm gegenüber nichts von dem, was sie bewegte. Einer von ihnen, den offenbar schon Längeres mit dieser Stadt verband, sagte es so: „Herr, dass ich Euch gegenüber vermelde, kurz und bündig, ich habe die größte Lust zu leben, bis ich steinalt bin. Habe mich aufgemacht auf den weiten Weg, von Spanien her bis hierher. Da wurde mir der päpstliche Befehl gegeben: Komm nie zurück!"

Ein anderer sprach: „Und dann war es vor Monaten und dann fast in jeder Woche, als wenn Tausende, Abertausende Stimmen um die Kirche herum skandierten, fast wie mit einer Stimme, und sich langsam durch die größten und breitesten Straßen fortbewegten. Dann war die Stunde gekommen, wo wir, die wir vor Euch sitzen, wussten: Die Reih ist jetzt an uns. Heute sind wir für unsere Kirche, für den König Spaniens und für alles in der Welt verantwortlich. Ob ich, Pedro und die vier anderen, die Lebenden oder die Toten, alle zusammen sind wir dafür, dass die Andersgläubigen bestraft werden. Und wenn wir das sind, so sage ich euch, Brüder, wir können uns aus diesem Durcheinander nirgendwohin davonschleichen. Herr, bitte, gewährt uns Euer Verstehen, es ist Krieg mit ihnen."

Doch bevor Luis Requensens, der dem Aussehen nach dem ältesten Geistlichen zugehört hatte, reagieren konnte, mischte sich der vermutlich jüngste Blutratsbruder ein und sprach seinen älteren Glaubensbruder erschrocken an: „Bruder, obwohl du wohl die längste Zeit hier warst, verstehe ich nicht, was eigentlich daran ist, warum die Bewohner hier, die fromm sind, voll Nächstenliebe, Fleiß, Fröhlichkeit und Gelassenheit und sich so am Leben des Jesus orientieren, also die Devotio moderna, eigentlich unsere Feinde sind? Wollen sie nicht Gleiches wie du, mit größter Lust leben?“

Nun erhob sich der Angesprochene und stellte sich mit geballter Faust vor den Jüngeren. „Es ist Krieg, sagte ich dir, in dem kannst du nicht sagen: Das bin nicht ich, ich weiß von nichts, hier kannst du nicht beweisen, dass dein jämmerlicher Name heute anders als Angst ist. Es hat keinen Zweck für dich, an dich allein zu denken. Hier geht man nicht mit Fäusten aufeinander los, um zu sehen, wer der Stärkere ist. Ich würde sogar sagen: Hier geht weit Schlimmeres zu. Bestärkten wir vor fünf Jahren nicht selbst den Herzog von Alba, die holländischen Adeligen, den Grafen Egmont und Horrn zu enthaupten?

„Wovon sprecht Ihr, Geistlicher, als Ihr sagtet: Hier geht es um weit Schlimmeres?“, setzte Don Luis ein und wies den Geistlichen, sich zu setzen.

„Verzeiht, Herr, es geht um die von uns Enthaupteten, die ihre Ketten abwarfen, als fortwährender Krieg“, sagte dieser nach einer Weile. „Ich bin wie viele aus jüdischen Verhältnissen von Spanien hierher eingewandert. Wir haben immer dem konservativen, römischen Katholizismus gehuldigt, denn der jüdische Glaube findet darin seinen Platz, wie es in Spanien und in den Herrscherhäusern, aus denen Ihr stammt, üblich ist. Aber hier, diese Niederländer sind anders. Und ich meine, es ist der Krieg des konservativen Katholizismus und der sich für ihn einsetzenden spanischen Statthalter gegen die protestantische Devotion Moderna, zuvor gegen die Täufer. Denn überseht nicht, dass der Friese Menno Simons, der 1561 verstarb, das niederländische Täufertum zu erneuern und eine neue friedfertige und weltabgewandte Basis zu stellen vermochte. Damit war aber den Stillen im Lande, die einen beträchtlichen Teil der Bevölkerung ausmachen, ihre politische Wirksamkeit genommen. Und jetzt ist Krieg gegen die Calvinisten, die Gott als eine Allmacht erkennen, die sich jedem menschlichen Zugang entzieht. Nicht wie wir, die den Zorn Gottes fürchten oder den gnädigen Gott des Predigers Luther. Aber noch viel mehr gehörte dazu, so auch, dass sie als Calvinisten mit ihrer Konfession nicht mehr dem Gehorsam der römischen Kirche oder Luther folgten, sondern in allen Handlungen des spanischen Königs gegen die Niederlande. So schrien die Massen: 'Wir wollen frei sein im Glauben und alle Freiheit dem Landesherrn, nicht den Spaniern, nicht der Katholischen Kirche.'"

„Ich teile Eure Meinung nicht ganz, dass der Krieg nur das Gesicht hat, das der Herzog von Alba sah. Ich bin ihm nicht freundschaftlich verbunden. Doch meine vom spanischen König gegebenen Rechte sind die gleichen. Aber ich will mit den Niederländern nicht im Land der Schatten leben. So werde ich versuchen, mich mit Aufständischen zu verständigen. Und alle Aufständischen, die bereit sind, zum Katholischen Glauben zurückzukehren, sollen amnestiert werden und straffrei bleiben. Auch wenn ich Euch damit befehle, dass Ihr Eure schattigen Urteile auf bessere Tage zu verschieben habt, gebe ich eine einzige Aufgabe, die hierin besteht, Euch darüber ein gottgefälliges Urteil zu bilden und es mir vorzutragen. Dafür bleibt nicht sehr viel Zeit", verkündete Requesens und legte dem Blutrat eine gewichtige Sammlung verschnürter, auf Pergament aufgezeichneter Dokumente vor. Dann verließ er den Saal.

Tatsächlich sahen die Gesichter von Krieg und Kriegsbeute bei Luis de Requesens sehr unterschiedlich aus. Denn einerseits belief sich die spanische Besetzung auf sechsundachtzigtausend Soldaten, also eine erhebliche militärische Macht, andererseits unterbreitete er den Aufständischen genau, was er derzeit sagte: nicht weiter im Land der Schatten zu leben und, so sie bereit wären, zum katholischen Glauben zurückzukehren, straffrei zu bleiben.

War nun die Kriegsmacht entscheidend, oder war bedeutend mehr, was vorher und anderes war? Die Stimmen, die dann in Rotterdam sprachen, die aus den Provinzialständen Holland und Zeeland und einigen anderen stammten, hatten unterschiedliche Akzente, manchmal klangen sie wie fremde Sprachen.

Gewalt gegen Gewalt, Macht gegen Ohnmacht, aber aus unterschiedlichem Bewusstsein: dem der Spaltung. Deren Realität sich nicht nur an der Artikulation ihrer erlittenen Lebensnot und des Lebensverlustes durch die spanische Besetzung bemaß, sondern am Grad ihrer Verwerfung, dem Nicht-zur-Kenntnis-genommen-Werden ihrer Überzeugungen vom Glauben an das Höchste, der nicht dem der Katholischen Kirche entsprach, gegen die sie sich solidarisierten. So lehnten sie ab, was Luis Requesens anbot, nämlich zum einzigen katholischen Glauben zurückzukehren. Für sie war ihr Glaube keine Strafe. Stattdessen verlangten sie aus ihrer Macht den Abzug der sechsundachtzigtausend Mann zählenden spanischen Truppen. Er verweigerte es. Es gab keinen Abzug, keine Straffreiheit für die Ungläubigen, aber die königliche Einforderung der Steuern. Denn auch bei ihm, der den spanischen König vertrat, ging es um die Zahl, das Maß und das Gewicht. Das Gewicht, was in dieser Lage eine Feldschlacht gegen die Aufständischen ausmacht. Das Maß der monatlichen Mittel, des Unterhaltes für die sechsundachtzigtausend Soldaten. Schließlich die Zahlen, es wären 1.200.000 Gulden erforderlich gewesen. Dies aber überstieg die Einkünfte der Weltmacht und Seemacht Spanien einschließlich der amerikanischen Kolonien.

Luis Requesens war im Land der Schatten, mit deren Einwohnern er eigentlich so nicht leben wollte. Doch irgendetwas war entschieden. Es schien, dass niemand sie weder zu retten noch zu vertreiben vermochte, die vielen Menschen im Schatten, die, seitdem er im November 1573 Brüssel erreicht hatte, ihren Blick auf ihn veränderten.

Am 29. Januar 1574 verlor er, es war bei Reimerswall an der Mündung der Schelde, die erste Schlacht dieses Jahres gegen die Wassergeusen, die Wasserbettler. In Folge wurde die spanische Belagerung der Stadt Middelburg aufgegeben und an Wilhelm von Oranien übergeben. Zudem schien der Stern, der über diesem Jahr leuchtete wie ein wechselnder, niedriger Schatten. Nur sechs Wochen später errang am 14. April 1574 Luis Requesens auf einer weitflächigen Heide, der Mooker Heide, einen Sieg gegen das Heer Wilhelms von Oranien. Wilhelm verlor aber seine Brüder Heinrich und Ludwig von Nassau-Dillenburg dabei. Sechs Tage später sprachen dann die, die das alles ertrugen und an sich vorübergehen ließen, aber eines nicht wollten, nämlich als Krüppel eingereiht zu werden. Genauer, die spanischen, wallonischen und deutschen Söldner im Heer Requesens meuterten, weil ihnen kein Sold ausgezahlt wurde, und zogen plündernd, sich auf dem Weg vielem bemächtigend, langsam durch die Dörfer der flämischen Region nach Antwerpen, bis diese vor Kummer dunkel geworden waren. Luis Requesens selbst nahm mit wenigen Begleitern des Staatsrates einen anderen

Weg, nicht den durch die Dörfer, sondern unentdeckt und sehr eilig durch die flämische Nacht nach Antwerpen.

„Wer hat euch gesagt, dass Antwerpen eine der größten Plünderungen droht?“, fragten ihn im Stadtsaal die versammelten Stadträte, als er übernächtigt vor ihnen stand.

„Weil ich der Statthalter bin und Ihr mir fünfhunderttausend Gulden zu zahlen habt.“

Sie erschraken zutiefst, als die Tür aufgerissenen wurde und viele spanische Söldner schweigend im Türrahmen standen.

Luis de Requesens sprach einfach weiter: „Habt Ihr die Gulden nicht, so werden diese Söldner reichlich mit anderem bezahlt, so mit Eurer Seide und wertvollen Tüchern und anderem. Und ich, ich begnadige sie.“

Etwa einen Monat lang, nämlich bis zum 30. Mai 1574, sah man viele Karren und Wagen Antwerpen verlassen und in Richtung Brüssel ziehen, stets begleitet von eben jenen Söldnern, die schweigend vor den Stadträten und Requesens gestanden hatten und die die Lager der wertvollen Tuchwebereien Antwerpens ausgeräumt und auf ihre mehr oder weniger schmutzigen Karren und Wägen geladen hatten. Wobei sie mancher stumm verzweifelter Blick, ähnlich dem von Bettlern, traf und verfolgte. Aber dann, an jenem 30. Mai 1574, fand ein Gottesdienst der Versöhnung in der Katholischen Kirche von Antwerpen mit einem anschließenden Gelage und einem ausschweifenden Fest auf dem Marktplatz im Zentrum statt. Doch schon, als bis zum Hafen hörbar der letzte Glockenschlag für den Beginn der Messe im Dom verklungen war, schien es im Hafen, als sei der Wind eingeschlafen, damit an jenen Lagergebäuden, direkt vor den Anlegeplätzen der spanischen Schiffe, nur noch die vergessenen und offengelassenen Türen vor sich hin knarrten. Menschen waren außen nicht zu sehen. Drinnen aber drängten sie sich in allen Hallen, in dunkle Gewänder gehüllt und mit vielem Gerät dabei. Leidenschaftslos in ihrer Absicht, Freudlosigkeit in den Zügen ihrer Gesichter – wie ein ruhiger Traum. Und dann, nach dem Glockenschlag, gingen sie einer nach dem anderen und begannen fast schweigend, ihre Zeremonie der Armen zu verrichten. Für ihren Traum, wie es den Bettlern am Wasser, den Wassergeusen, entsprach.

Gesichert ist, dass am 30. Mai 1574 im Hafen Antwerpens, zunächst fast unbemerkt, binnen weniger Stunden mehrere Kriegsschiffe – ein Teil der dort ankernden spanischen Flotte – völlig seeuntüchtig und zum Untergang gebracht wurden.

Luis Requenses kehrte für kurze Zeit nach Brüssel zurück und schrieb im Sommer 1574 an seinen Bruder Juan de Zuniga:

Bruder, als ich hier ankam, war die Stellung des Katholizismus als einzige anerkannte Religion zu unterhalten und die Ausbreitung des Protestantismus so weit als irgend möglich zu unterbinden. Dieses war jenes Gebilde von teils unlösbaren Aufgaben, die mir von König Philipp dem Zweiten auferlegt waren, versehen mit jener militärischen Macht und bei mir war auch Omina. Durch sie galt eigentlich Friede zu halten mit allen.

Du erinnerst dich an meine Auseinandersetzung mit Carlo Borremeo, dem Erzbischof Mailands, über die Hinrichtung von Omino Isabella Alvarez wegen Ketzerei. Ich riss sie ihm förmlich aus seinen erzkatholischen Fängen, weil das, was er vortrug, für mich lügenträufelnd war und sie sich nichts zuschulden hatte kommen lassen. Jetzt legte ich dem von Alvarez eingerichteten katholischen Blutrat, den ich sofort auflöste, als ich in Brüssel mein Amt als Staatshalter der Niederlande antrat, alles an Dokumenten vor. Jesuitische Justiziare, Gelehrte, die nach der geheimen Instruktion von Alvarez, vielleicht auch des Königs, aber sicher vom erzkatholischen Bischof Granvelle durch die Inquisition dem Volk und dem niederländischen Hochadel eine Erniedrigung nach der anderen beibringen wollte. Sodass der hocharrogante Granvelle diese Adelsleute als Bettler, als Geusen, bezeichnete. Ich habe in meinen Auseinandersetzungen mit ihnen eines gelernt: Sie sind auf unserer Augenhöhe, keinen Millimeter kleiner.

Ich komme zurück, was denkst du, Juan, fanden die Justiziare in ihrem Fall heraus? Omino Isabella Alvarez: geboren in Katalonien wie wir. Verarmt im Hochadel durch die nach Italien geflohene Familie, lebte sie auch in Mailand. Sie wirkte jung, war auch mit einer gewissen Schönheit versehen und stand als Spanierin vor dem Inquisitionsgericht des Kardinals Carlo Borromeo. Was man ihr vorwarf, war ein Zu-viel-an-Liebe für ihren Bruder, ein Zu-viel-an-Verstand, weil sie unabhängig zu denken vermochte, und ein Übermaß an geistiger Unabhängigkeit. In der Sorge der Inquisitoren um den einzig wahren katholischen Glauben reichten ihre Eigenschaften aus, dass sie zu einem gesellschaftlich gefährlichen Subjekt wurde. Und gefragt, wie sie zum Glauben stünde, sagte sie nur: ‚Gott gab mir die Gelegenheit zu leben. Ich ließ los und lebe in vollem Vertrauen zu ihm, zudem brauche ich nicht mehr.' Kardinal Borromeo, der dem Tribunal vorstand – ich war als Gouverneur nur ein notdürftig geduldeter Gast – verkündete das Urteil selbst. Einem Weib, diesem Weib, sei es unmöglich, über solche Eigenschaften durch Gott versehen zu sein, sie sei also mit dem Satan im Bunde. Das beweise auch, dass sie eine Bettlerin sei und nicht die glückselige Fülle des Adels erleben solle. Daher sei ihr die Guillotine angemessen und das Urteil sei zu vollstrecken.

Ich erhob mich, und da mir die königliche Bestimmung als zukünftiger Staatshalter der Niederlande schon vorlag, argumentierte ich damit, dass sie ab jetzt zu meinem Gesinde gehöre und ich dem Willen des Königs gemäß dem Urteil des berüchtigten Blutrats von Brüssel aussetzen werde. Carlo Borromeo murrte, hatte dem aber nichts entgegenzusetzen und übergab mir die Dokumente.

So kam auch sie mit dem Gesinde nach Brüssel und ich tat, was ich sagte. Das aufgelöste Blutratstribunal befand, dass sie eine hinreißende Kraft habe und nicht bereit wäre, wie in Mailand, das Gerücht zu wiederholen, dass sie Gott oder die Engel erniedrigt habe.

Ich verlor sie aus den Augen, sah sie erst beim Versöhnungsfest in Antwerpen von Ferne wieder. Sie sah mich auch und verneigte sich dankbar, an diesem verhängnisvollen Tag, an dem ich dort im Hafen die Hälfte der Flotte verlor. Sie wolle hierbleiben, sagte sie. Ich sagte ihr: „Nein.“ Gab ihr einen Beutel Gulden und empfahl ihr, dringend in Richtung Amsterdam zu ziehen. Ich ahnte, dass Antwerpen sehr unsicher war. Statt aber darin ein Zertreten ihres Wunsches zu sehen, sagte sie nur: „Ja, es stimmt, hier wären keine spanischen Freunde.“ So gab ich ihr noch die Adresse eines Holländers, sie möge sich dort verdingen, ein kaiserfreundlicher wäre er. Dann verlor ich sie wieder aus den Augen.

Im November 1575 schrieb Requenses an seinen Bruder Juan einen zweiten Brief. Dieser bezog sich nicht auf Religion, Kirche und Klerus, auf enttäuschte Schuld und Scham, sondern auf die erbittertste königliche Macht oder Ohnmacht.

Der spanische Staatsbankrott habe der Börse Antwerpens einen solchen Schlag versetzt, dass niemand mehr für kreditwürdig gehalten werde. „Ich kann weder einen Pfennig auftreiben noch eine Möglichkeit sehen, wie der König Geld hierherschicken könnte. Wenn nicht ein Wunder geschieht, wird der gesamte militärische Geist so rasch auseinanderfallen, dass ich höchstwahrscheinlich keine Zeit haben werde, dich davon in Kenntnis zu setzen. Mir dämmert einiges. Doch eines noch, Bruder. Ich weiß, ich werde in der Dämmerung sterben. Doch in welcher von beiden?“

Was war geschehen?

Die Weltmacht Spanien sah sich plötzlich zwei Kriegsschauplätzen, dem niederländischen und osmanischen, gegenüber. Der eine war in Tunis, denn diese Stadt hatten die Osmanen von den Spaniern erobert. Der andere war die Stadt Leiden, die die Wassergeusen am 3. Oktober 1574 unter großen Verlusten der Spanier befreiten. Philipp der Zweite ermächtigte seinen Staatshalter Requenses, sofort Friedensverhandlungen mit den Generalstaaten aufzunehmen. Doch die Bedingungen dafür klangen wie das Zertreten der inzwischen vertrauten Heiligtümer: die Rückkehr der Niederlande zum katholischen Glauben und dass die Protestanten innerhalb von sechs Monaten auswandern sollten. Es ging dabei um viel Reichtum, denn man sicherte den Katholiken die Rückerstattung ihres Vermögens zu, das der Henker, Herzog von Alba, zwischen 1566 und 1573 einbehalten hatte. Den

Protestanten sollte mit einer Frist von acht bis zehn Jahren der Verkauf ihres Besitzes gewährt werden.

Die niederländischen Fürstentümer beendeten am 13. Juli 1575 die Verhandlungen ergebnislos. Die Katholiken wollten keine Vermögen als Trost, die Protestanten wollten nicht auswandern, ihr Gott war dort, nicht in Spanien.

Resigniert gestand sich Don Louis Requenses ein, dass es während einer kurzen Spanne im Sommer des Jahres genau die Kraft war, die ihm zum Frieden gefehlt hatte und die er jetzt brauchte. Gleichermaßen irritiert fragte er sich: „Bist du gut oder böse? Du bist ganz aber gewiss nicht von hier und in sklavischem Befehlsgehorsam." Das, was ihm auszuführen befohlen worden war, war, was der spanische König und die Königin von England vereinbart hatten: dass die katholischen Flüchtlinge Englands aus den Niederlanden durch ihn zu vertreiben seien, weil die englischen Häfen für die niederländischen Rebellen von ihr gesperrt wurden.

Um dann, am 1. September 1575, aller Welt den Staatsbankrott Spaniens zu erklären.

Für ihn, Louis Requenses, war dies Qual und Hölle. Und dann entschloss er sich, da alle Worte seiner Gebete wie tot waren, wie eine dreiteilige Ikone, versponnen von Spinnengeweben, den holländischen Städten Schouwen, Duiveland und Zieriksee aufzusetzen. Das heißt, er besetzte mit seinen Truppen Schouwen und Duiveland und belagerte am 28. September 1575 Zieriksee. Anfang März 1576 wurde er nach Brüssel zurückgerufen. Anlass war, dass die spanische Armee meuterte. Auf dem Weg dorthin überfielen ihn Schwäche und Fieber und er erkrankte, schleppte sich bis Brüssel, wo er in der Morgendämmerung des 5. März 1576 den Tod ansah und er ihn.

Doch in welcher Art Staatsdämmerung befanden sich die Niederlande ab da? Der Staatsrat übernahm die Regierungsgeschäfte kommissarisch. Gleichzeitig kapitulierten die holländischen Verteidiger von Zieriksee und mussten der Plünderung ihrer Stadt zusehen. Das war am 29.06.1576.

Aber da die spanische Armee immer noch nicht nur ohne Sold, sondern und ab jetzt auch ohne Führung blieb, verlor sie jegliche Disziplin und zog als „Spanische Furore“ weiter durch die Niederlande, bis im September in Brüssel ein antispanischer Aufstand wütete. Der bremste die wütende Raserei, die Anfang November als „Spanische Furore“ erneut in Antwerpen neu auflebte. Und während der Plünderungen kam dann auf dem Landweg am 5. dieses Monats im Jahr 1576 von Luxemburg her der nächste königlich bestellte spanische Staatshalter und Wortführer der Schwarzen Legende in die Niederlande.

6. Abschnitt
Isabella Alvarez Ahnen und das Erbe.

Die „Spanische Furore“ – andere nannten sie „Furie“ – war jenes Geschehen, das böse, sehr böse war und durch Soldaten auf das Volk auftraf. Im Volk waren welche, die gewiss die Furie, nicht aber ihren eigenen Glauben an das Gute und Böse schon als schuldiges Versagen infrage stellten. Zu ihnen gehörte Omino Isabella Alvarez, die alleine Luis Requenses verdankte, dass sie noch unter den Lebenden und nicht der Inquisition zum Opfer gefallen war. Sie blieb noch in Brüssel in einer schmutzigen Absteige, sie war arm.

Auf dem großen Markt in Brüssel hörte sie alles, was Louis noch betraf. Sie stellte sich nach seinem Tod die Frage, was es damit auf sich hatte, dass er ihr gesagt hatte, sie möge nach Amsterdam ziehen. Sie fragte sich, ob sie hier jene Wahrheit erkennen sollte, die sie schon immer gesucht hatte und nach der sie gewillt war zu handeln. Aus sich heraus jene hinreißende Kraft und Erkenntnis zu haben, dass sie Gott oder ihre Engel nie erniedrigt hatte, als Bettlerin oder mit den holländischen Geusen zu leben, auch wenn sie keine wäre. Obwohl jede ihrer bisherigen Begegnungen mit ihnen so war, als hätte sie keine gehabt. Und die letzte Begegnung mit einem hochadeligen Spanier war das Gespräch, als er auf seinem Pferd saß und sie sich, in ihre Lumpen gekleidet, nur sittsam vor ihm verneigt hatte. Er erkannte sie, wie sie ihn. Er fragte danach, wo sie weiterleben wolle und wem sie es überlassen wolle. Warf ihr gleichzeitig einen Beutel Gulden und etwas in Leder und Leinen Eingerolltes zu und nannte einen Namen im königstreuen Amsterdam. Und sie empfand darin nicht das Zertreten ihrer Wünsche, sondern ein Eingestehen dessen, was für sie und in ihr lebte. Und sie gestand es ihm gegenüber ein: „Ja, es stimmt, hier sind für mich keinerlei gute und spanische Freunde.“ Dann verlor sie ihn aus den Augen, zu viel des Volkes und andere waren damals dort.

Jetzt, wo er nicht mehr lebte und die Furie ihre Willkür überall verteilte, war sie verängstigt und wie betäubt von all den Stimmen und Leuten um sie herum. Ein älterer Geuse, mit krummem Rücken, nahm sie behutsam am Arm und fing ein Gespräch mit ihr an: „Kommt zu uns, in unsere Hütte, auf was wartest du hier? Wir haben nicht viel, geben dir zu trinken, Kohlsuppe und Grütze.“

Sie nickte. So sind sie, die Bettler, dachte sie.

In der Hütte gaben ihr bei Kohlsuppe, Grütze und Tee mehrere Frauen und Männer in genauso verschlissenen Gewändern wie ihre Antwort auf die Fragen, wogegen sich denn die Geusen so heftig zur Wehr setzten und was es war, das der königliche spanische Wille von ihnen verlangte. Das, was die heiligen, römischen Kirchendiener dem Volk vorschrieben, was zu glauben sei: die Abkehr von dem, was zu glauben den Geusen noch möglich war; und wenn das nicht geschähe, hoffte man, dass die Sichtbarkeit des Mächtigen zu der unscheinbaren Ohnmacht der Andersgläubigen führe. Steuern, Gewalt und Enteignung ihres Besitzes war als Folge ihres Unglaubens durch militärische Stärke sichergestellt. Im Einzelnen, so beim holländischen Adel, waren kleinere Zugeständnisse möglich, ansonsten waren für den Pöbel Demütigung und Erniedrigung vorgesehen, kurzum: Die Besetzten sollten in jeder Form vom Willen der Besatzer abhängig bleiben.

Omino Isabella Alvarez hatte die Niederländer erlebt. Sie hatte spanische Statthalter erlebt, aber die Art dieser kriegerischen Hetze gegen das andere Volk war anders. Doch immer war Omino bewusst, dass es statt einer immer drei Befreiungsbewegungen gab und sie gehörte zur falschen Zeit der falschen an.

Nach einem weiteren Jahr zog es sie an die Grenze, sie schenkte zuvor einem Kind noch das Leben. Der Mutter von Isabella, die Jahrzehnte später in Amsterdam lebte. Omino Isabella Alvarez erlosch in dem darauffolgenden Jahr im Feuer spanischer Waffen.

Isabella Alvarez, die ihre Großmutter nur vom Erzählen kannte, spürte sie genau wie ihre Mutter, wenn sie das Geschriebene aus der vergangenen Zeit wieder und wieder las. Die Wiederbewegung, kleine Vogelschwärme in seitlicher Windrichtung, schräg im Flug versetzt, als schneide es das Blau und Weiß entzwei. Und immer war bei ihr, was die Großmutter der Mutter und die Mutter der Tochter einst hinterließ: etwas in Leder und Leinen Eingerolltes, etwas, das sie immer begleitete, das sie ihrem Mann geschenkt hatte, bis es nach seinem gewaltsamen Tod wieder an sie zurückgefallen war. Auch jetzt war das gut Eingerollte bei ihr in Amsterdam.

7. Abschnitt
Das Erinnerungsfest

Dann kamen der sommerliche Tag im Jahr 1607 und das größte Fest der Stadt Amsterdam. Zuvor, etwa vier Wochen früher, wurden die Bewohner der Stadt ermittelt, denn es gab darunter viele Immigranten und sonstige Zugereiste. Aber jeder, der erfasst wurde, wusste, dass es niemandem überlassen blieb, nicht daran teilzunehmen. Denn es ging um das Erinnern.

Doch war es wirklich so? Wusste wirklich jeder – denn es war fünfunddreißig Jahre her –, dass Amsterdam sich von Spaniens König abgewandt hatte? Und wenn das mit dem spanischen König vergessen war, so doch nicht das mit den horrenden Schutzzöllen und vielen anderen – auch erzkatholischen – Auflagen, die den Spaniern dienten, die Holländer erniedrigten, aber die Stadt nur immer weiter ärmer, sehr arm machten. Aber auch dass es für diejenigen niederländischen Staaten, denen sich die Stadt zuwandte, als sie sich von Spanien abwandte, kein Zurück mehr gab.

Aber älter als alt waren sie, zu schwer, die Steine an den Stadtmauern und manchem Gebäude, zu sehr war vieles bevölkert. Überwiegend Zugewanderte, von denen die übernächste Generation nicht mehr wusste, dass sie selbst Zugewanderte waren. Auch nicht jeder, aber vor allem nicht die Oberen und Hohen in ihren edlen Gewändern, wussten von dem, was einst gewesen war. Dass sie zwar ihre ganz eigene Sprache sprachen, mit behandschuhten Händen winkten und ihr Blick von oben auf die Masse ein Gefühl der Höhe vermittelte. Dass sie sich dabei nach den Nah- und den Fernstehenden umschauten, davon ist auszugehen. Der Blick von den Balkonen oder anderem Höhergelegenen auf die Masse konnte sich aber auch an einem abgerissenen Gewand verfangen, verhaken. An einem stummen, verzweifelten Blick nach oben, an den zu langen, nach hinten fallenden Haaren, irgendwo inmitten der Masse auf der anderen Straßenseite.

Isabella stand zu weit fort, wie die Niedrigen und nach ihnen die Niedrigsten, zu denen sie gehörte. Dazwischen schien die Straße leer, bis auf die viergliedrig reitenden Uniformierten auf ihren dressierten Pferden.

Plötzlich sah sie ihn, rechts reitend, sein Angesicht ganz auf den vor ihm reitenden Soldaten gerichtet, Leutnant Uphoven. Entsetzen überflog ihr Gesicht, bevor sie sich rückwärts drängend aus dem Pulk befreite. Das Kind klammerte sich an den Hals der Mutter und gewahrte nach und nach, dass es auf dem Weg, den die Mutter nahm, ruhiger wurde.

Es hatte lange schon Schlaf gefunden, als Isabella in ihrer Kammer jenes mehrfach mit Lappen Umwickelte und buchstäblich vor allen Augen Versteckte öffnete – und der Dolch mit spiegelnder Scheide offen vor ihr lag. Die Zeit schien den Gegenstand nicht berührt zu haben, aber sie war wie elektrisiert. Sie hatte mit wachen Augen gesehen, weswegen sie in Amsterdam war: Leutnant Uphoven. Die Klingenspitze … Was wäre, wenn sie in ihm steckte, was sie sich zu tun vorgenommen hatte? Und war das jetzt nicht verstrichen, bedeutungslos? War sie eine Bedeutungslose? Sie schob ihre verworrenen Gedanken beiseite.

Von der Klingenspitze bis zum Griff zogen sich viele Millimeter empor, jeder stand für ein vergangenes Jahr. Das war schon immer so gewesen, auch als er einstmals dem Statthalter der Niederlande gehört hatte, der im Oktober 1573 vom spanischen König dazu berufen worden war. Der Statthalter der katalanischen Hochadeligen war Don Luis de Zuniga y Requensens. Vor seinem Tod hatte er ihn der Großmutter

Isabellas zugeworfen. Nach seinem Tod in Brüssel im Jahr 1576 war der Dolch eines der als vergessen geltenden Güter von ihm. Nach dem Tod der Großmutter nahm ihn die Mutter an sich und versteckte ihn, doch irgendwann gab sie ihn für ein paar gute Worte und Geld dem ältesten Spanier in der Grenzsiedlung. Er gab ihn seinerseits an den Ehemann von Isabella Alvarez. Da er aber der einzige Sohn war, fiel der Dolch seines Sohnes der Frau alleine zu. So war es nach dem Mord an ihrem Mann, dass er der Verwitweten zufiel.

Obwohl sie mit Balthasar Paul nie über den Dolch gesprochen hatte, stand trotzdem, einem Dämon gleich, die Frage im Raum, ob sie ihn, Leutnant Uphoven, damit, und nur damit ermorden sollte? Gab es etwas anderes?

Sie hatte ihn gesehen, er war einer der Berittenen der Amsterdamer Kompanien. Hatte er sie gesehen? Oder war er inzwischen gewohnt, niemanden zu sehen? Und doch sah ihn jedes Mal jemand, jetzt sie, die Aussichtslose. Sie hielt den Dolchgriff immer noch, fragte sich: Was spricht der Dolch? Wäre er umzusetzen in Taler, in silbernen Reichtum, jener äußere, der ihr in der letzten Zeit fehlte? Sie weinte.

Omnia hatte inneren Reichtum. Die Mutter, mit der sie als Kind auf dem Grenzhof gelebt hatte, war eine Vergessene und sie waren reich im Alleinsein, wie auch die anderen, die dort gelebt hatten.

Jetzt gewann eher die Not an Reichtum. Sie erlebte, dass immer wieder einmal, etwa zur Mitte des Kalendermonates, ein gefüllter Umschlag bei ihrer Post lag. Nie wusste sie, von wem er war, fühlte es dennoch sicher. Es war stets die gleiche Summe. Aber es war in dem Jahre, in dem wegen des Getreideboykotts in britischen Lieferungen, wegen der unsicheren Transportwegen und wegen des nicht Erklärbaren auf dem Markt und anderswo alles teurer wurde. Irgendwann, es begann im vierten Jahr, spürte sie die Armut. Und diese hatte nichts mit dem Wunsch zu tun, weswegen sie nach Amsterdam gekommen war. Dieser Wunsch aber war dabei, je möglicher er wurde, gleichermaßen auch zu zerbrechen. Denn ein Dolchgriff in eines Leutnants Rücken war in keinerlei Weise an jemanden ohne Absicht zu verkaufen.

Sie träumte, hob dabei ihren Kopf, um einen zeitlosen Moment auf eine ausdruckslos wabernde Maske zu sehen, die sie unnachgiebig, wie müsste sie sie erkennen, anstarrte. Sie erschrak, als sie ihn erkannte. Er stand in der Vergangenheit, auf der anderen Seite. Unbewusst hob sie ihre Hand und hielt sie hoch, auf den Leinen des Tisches neben ihr lag der Dolch. Und sie fühlte die schweigende, fremde Absicht, die er gegenüber jeder Absicht hatte, weder der nach dem Reichtum, der Rache oder noch nach dem Tod.

Es sei ihr erster Kontakt mit dem Nachnamen gewesen, schrieb sie später Balthasar Paul. Natürlich habe sie dieses Buch und den Helden, um den es ging, verurteilt. Doch nicht um die Helden ging es ihr, sondern dies sei der erste Kontakt zu der Geschichte ihres Nachnamens gewesen, und es wäre folgerichtig, denn auf dem Einband sei eine Schlange, die sich in den Schwanz biss. „Das heißt, ich bleibe berührt. Ob die, die das aufgeschrieben haben, aus dem päpstlichen Ordenshaus waren, weiß ich nicht, mir ist jedoch alles wie ein Ankommen auf einer Lichtung nach vielen Jahrzehnten. Ein unerwarteter freier Raum in mir.“ So sagte sie zu sich selbst: „Ich befühle der Erinnerung Steine, von mir aus die Steine der Gräber, aber aufgewühlt hat mich diese Geschichte selbst dann, wenn es nicht mein Wunsch war. Nichts ist endgültig. Auch wenn ich etwa vierunddreißig Jahre später davon wie von einem Mirakel hörte.“

8. Abschnitt
Die Fremde

Die Amsel, ein niederländischer Fluss, enthielt nicht nur manche Uferbruchstellen, sondern auch Stromschnellen. Untiefen und Seitenarme voller Wachstum, blühende und vergehende Geheimnisse zu jeder Jahreszeit, die stets im Primat des natürlich Bezaubernden manchen, so wie Balthasar Paul, poetisch berührte und ihn trotzdem nicht gefangen hielt in den Jahren, Monaten, Tagen und Nächten, die er dort an der Steinbäckerei am Amselufer verbrachte. Diesem natürlichen Primat seines Lebensortes setzte das politische Primat seinem Erinnern zu, bisher fand er keine Lösung, die ihn davon frei machte. Als Augenzeuge seines Erlebens neigte er dazu, Gedichte niederzuschreiben, in gleicher Art, wie man Tagebuch führt. Um immer wieder zu spüren, dass jenes Politische, das ihn verfolgte, das Primat gegenüber jeder poetischen Zeile hatte. Politisch war es das, dass der Bürgermeister ihn als spanischen Spion endgültig aus Amsterdam verdammte; denn eher die Teilnahme an dem Leid seiner geliebten Frau, das zu ihrem Tod geführt hatte, hatte ihn in eine innere Verlorenheit geführt. Eher das, was er bei seiner ersten Begegnung mit Isabella vor Jahren gesagt hatte und nie vergaß: „Bei mir würde das Kind verkümmern. Mein Weg“ – oder hätte er sagen sollen, seine Flucht? – „führt mich zu einer Steinbäckerei und ich kann meine Abreise nicht aufschieben.“ Das war etwa 1610.

Seitdem war er da, um immer deutlicher festzustellen, dass sich um die Steinbäckerei eine geschlossene Welt gebildet hatte, die nur sich selbst widerspiegelte und aus der sich zu lösen schwer war.

Für Balthasar Paul ging es darum, ein Produkt zu entwickeln, das über eine Welt, in der es entstanden ist, Rechenschaft abgibt und sich verändern kann. Doch dies war kein Ziel in der Steinbäckerei, und so reduzierte sich sein Interesse allein auf das, was ihn in einem unaussprechlichen Maße bewegte. Das war sein eigener Einsatz, seine Mission. Den härtesten Stein zu brennen, zu dieser ganz eigenen Zusammensetzung aus Quarz, Sand, Kiesel und Wasser zu brennen. In dem an drei Seiten geschlossenen Ofen mit den gefäßähnlichen Quadraten, wo sich die Masse schließlich zu dem ablösbaren, steinigen Inhalt formte und verwendbar erhalten blieb.

Ein stiller Mann, der dort arbeitete, verfolgte seine Bemühungen, eben diesen harten Stein zu brennen. Sehr oft gelang es nicht. Doch einmal, inmitten des Brennvorgangs, befahl der Eigentümer Balthasar, den glutglänzenden Raum kurz zu verlassen und zu ihm zu kommen. Und genau während dieser von Balthasar unbeobachteten Zeit geronnen die Steingüsse zu dem, was später „der harte Stein der Amsel“ genannt werden sollte. Alles änderte sich, der sich selbst spiegelnde Zustand verlor sich, und alle, die damit verbunden waren, arbeiteten für jeden, der damit Haus, Hof oder Stall bauen wollte. Mit allem brachte es ein ansehnliches Vermögen ein.

Aber der Spanier Don Oktavia, der still gewordene Mann, kannte in Balthasar Paul jenen Friedrich Matthias wieder, sonst tat es dort niemand. Aber Balthasar erkannte ihn nicht wieder, hatte ihn, der ihn vor Jahren als Spion verklagt hatte, leibhaftig doch nie gesehen. So blieb es noch. Bis nach Jahren Balthasar Paul die Steinbäckerei an den Ufern der Amsel als wohlhabender Mann Richtung Amsterdam verließ.

Don Oktavia, der Spanier, gab ihm zum Abschied die Hand und sagte: „Danke Euch, Señor Paul, für alles, was Ihr uns um das Geheimnis des Steines lasst. Doch noch wissen wir nicht, wem der harte Stein am meisten dient: den Holländern oder den Spaniern? Ich werde dem spanischen Befehlshaber, meinem Auftraggeber, der edlen Prinzessin von Nerola und Graf Solvina in Den Haag berichten. Ihr und die, die Ihr zu Euch zählt, sind unter spanischen Palmen und spanischer Hoheit willkommen. Es ist mir, wie es dereinst vor Jahrzehnten bei Don Juan de Austria war."

„Was war das denn bei Don Juan de Austria?", fragte Balthasar interessiert nach.

„Er wurde krank wegen seines Bruders, des Königs, und der Holländer, des Verlustes dessen, was sein eigenes war. Er starb durch Gift, doch niemand wusste, welches Gift das war. Ich habe die von den Mönchen erstellte Schrift über ihn gesammelt und überlasse sie Euch als Dank."

Zunächst fühlte Balthasar, als würde ihm alles von einem Weideloten, wie man die Barden nannte, erzählt. Aber dieser Spanier war kein Barde. Wenn er je etwas war, dann einer, der immer nahe dem Verleugnen war. Er erinnerte, Brandflecke zeichneten die Hände des Spaniers.

Er blätterte in der Schrift, auf deren zweiter Seite stand: „Aus der Gnade Gottes, aller Heiligen und dem, was unsere Brüder, die den hohen Herrn begleiteten, berichteten, haben wir dies zusammengetragen. Wie alles andere dient es dem Herrscher zur Ehre und Spanien zum Lobe. Wie unser hohes Lied, das der Mönche von Sarong."

War es diese besondere Art der Wahrheit oder doch etwas anderes als hier, wo er gerade ein Vierteljahr nach seiner Ankunft gelebt hat und den Inhalt des geschenkten Aufgezeichneten aufschlug?

Es war in der Vorstadt von Amsterdam. Das Haus, das er von dem Amsterdamer Krämer erworben hatte. Das Haus mit jenen Zeichen und der Strenge der Stille war nicht der Ort, wo das Sterben begütigt, wo der Hunger gestillt, wo die Hoffnung verklärt wird. Dieses Haus war der Ort der zu Tode verwundeten Wahrheit. Es war kein Haus, kein Ort, wo die Engel geschont wurden und auch nicht seiner. Trotzdem schrieb Balthasar, es war sein inneres Tagebuch: „… ziehen viele in andere Straßen. Auch weine mir nicht, altes Haus, ich bleibe, so warmherzig ich auch sehne nach dem anderen Land.“

Balthasar war nicht allein, als er die Steinschmiede verlassen hatte und in dem Anwesen in der Vorstadt Amsterdams angekommen war. Was er mitgebracht hatte, war vieles, auch etwas, was die fast an den Nachreden über ihm eingedämmerten Nachbarn eine Weile gar nicht mehr zuordnen konnten, als sie es wahrgenommen hatten: sein Sohn Robertus. Aber nicht ihn allein, sondern auch die Gewissheit für ein durchaus steinernes Bildnis. Ein zweites Mal und genau dieses zu erschaffen erfüllte ihn, denn nichts von dem, was er gelesen hatte, war vergessene Vergangenheit. Selbst die eigene Vergangenheit ließ ihn nicht los. So dachte er. Eine der Personen, die sich durchaus eines steinernen Bildnisses mit anderen wert war, und zumindest eine andere, die in allen niederländischen Bildnissen etwas sah, was auch nicht einen Stein wert gewesen wäre, war und sein könnte. Einer dieser Personen, Don Juan, aber, war einer der Berühmtesten, und die weniger Bekannten hatten ihre besondere Legende. Zwei, gar drei ließen sich deutlich unterscheiden, stellte Balthasar fest, als in seinen Vorstellungen ein in Stein umzusetzender, von ihm gemachter holländischer Bildentwurf, eines spanischen Herrschers Platz fand.

Blutwimper. Schwarz war das Jahrhundert der armen holländischen Leute, die Balthasar Paul seine Eltern nannte. Sie waren erniedrigt worden, immerzu durch den rauen Ton, der jedenfalls den untersten Dienern und Mägden gegenüber angeschlagen wurde und der auch in gesicherten Anwesen der niederländischen Adelshaushalte zu ertragen auferlegt war. So war auch manchem Kind dieser Diener und Mägde ein Ähnliches auferlegt. Eine Schulpflicht gab es nicht, aber vielleicht eine Pflicht der in niederflurigen Häuschen und Zimmern Wohnenden, gegenüber den in reichsten Häusern Wohnenden. Auch gab es solche: Geheim schlichen sie um die Höheren herum, kein Ton und keine Farbe, keine Farbe und kein Ton von ihnen. Sie bildeten trotzdem Facetten, veränderten sich, drehten sich und ließen sich dennoch schwer greifen. Von ihnen, den Höherstehenden, gab es entweder keine oder eine Entfaltung und für das Kind. Wenn nicht alles dagegensprach, eine Art materielle Förderung oder zumindest, im anfänglichen Erwachsenenalter, wenn Rechnen und Schreiben möglich waren, eine Anstellung bei ihnen. So hatte es Balthasar Paul erfahren, Sohn armer Eltern aus einem niederflurigen Häuschen. Eltern, die seit vielen Jahren in einem der wohlhabenden, reichen Häuser Amsterdams gedient hatten. Er war schulisch gefördert worden, eben wegen seiner Begabungen, und durfte sogar mit einem Studium anfangen. Bis er irgendwann als junger Mann von einem reichen, aber sehr alten Mann, einem der Uphovens, gerufen wurde, um zwei Ereignisse anzuhören, die der alte Mann, der schon ein halbes Jahr später verstarb, ihm gegenüber als berichtenswert hielt. Erstens, dass er begabt sei und sofort von ihm angestellt würde, um in den Räumen seines großen Handelsgeschäfts für ihn und dann auch für seinen Nachfolger für einen angemessenen Lohn, mit dem er auch eine Wohnung bezahlen könne, zu arbeiten. Zweitens, dass seine Familie seinem Vater und seiner Mutter Dank schulde, was sie durch die Förderung von Balthasar zum Ausdruck gebracht hätten. Aber jetzt, wo die Mutter gestorben und der Vater sich der Trübsal hingegeben habe, sie alle Abschied von ihnen genommen hätten. Doch seine geliebte Mutter habe ihm, dem alten, reichen Besitzer, etwas gegeben, was er gerade jetzt und genau in dieser Situation an Balthasar, den hoffnungsvollen, jungen Mitarbeiter und damit indirekt an ein Familienmitglied übergeben werde.

Balthasar beendete das Studium, suchte seinen vom Dienst ausgestoßenen, trübsinnigen Vater in dem niedrig gedeckten Haus auf, befragte ihn nach manchem und zeigte ihm, was ihm der reiche Besitzer von seiner Mutter gegeben hatte. „Es stammt von unseren Großeltern, so sie denn damals schon lesen und schreiben konnten, was sie aber alleine den Spaniern verdankten."

Doch existierte die Vergangenheit nicht, oder nicht mehr, als er aus der trüben Befangenheit, die ihn wieder überfiel, jetzt in dem Haus seiner Wirklichkeit den Sinn in der Verbindung zu seiner verstorbenen Frau, der Mutter des Robertus, erkannte. Er war in das Höchste geraten, was das Leben ihm zu geben hatte, das er verlor, und in das Tiefere als heimatverspottender Spion. Aber war es wirklich so?

Einen Kampfplatz gab es, den jedenfalls war Balthasar nicht bereit zu verlassen. Die Absicht, um die es ging, war, die Grenzenlosigkeit, aus der heraus, glaubte er, es zu schaffen, die jetzige Grenze zwischen Holland, genauer Amsterdam, und Spanien in eine schlichte Unendlichkeit zurückzuführen, sie aufzuheben.

Doch eines war klar: Solange es verschiedene Sprachen gab und solange man in ihr nicht zu Hause war, solange würde es zwischen den beiden eher sein, als ob jede Verständigung, ehe sie angefangen war, eher Dichtung als Vergangenheit gab. Anders gesagt, das Geheimnis der anderen Sprache war zu hören, zu besehen, wie eine blaue Flamme zu binden.

9. Abschnitt
Der Sprache doppelter Sinn

Am 4. September 1576 wütete in Brüssel ein antispanischer Aufstand. Anfang November 1576 antwortete die „Spanische Furie“ erneut in Antwerpen. Und während der Plünderungen kam am 5. November 1576 von Luxemburg her auf dem Landweg der neue Staatshalter der spanischen Niederlande, mit Namen Don Juan de Austria, der von 1576 bis 1577 Regierende. Niemand anders als der Papst hatte für diesen Mann die Heirat mit der schottischen Königin Maria Stuart ins Gespräch gebracht. Und trotzdem hatte sein königlicher Halbbruder, Philipp der Zweite, dies abgelehnt und ihn stattdessen gebeten, die Statthalterwürde der spanischen Niederlande anzunehmen. Don Juan de Austria wusste, welch schwierige Lage ihn erwartete, und so kam es auf jeden Tag an. Denn im Rathaus der Stadt Gent bei kargem Novemberlicht des 8. November 1576 hatten Holland und Zeeland und die südlichen Provinzen einen Friedensvertrag geschlossen, der vorsah und festhielt, dass sie sich gegenseitige Hilfe gewähren würden, allein um die spanischen Truppen endlich von niederländischem Boden zu vertreiben. Genannt war ihre Vereinbarung: Genter Pazifikation. Auch die nördlichen Provinzen traten ihr bei.

Als Folge und in Bemühungen um einen möglichen Waffenstillstand zwischen den Spaniern und den Niederländern am 15. Dezember 1576 gab es lange Verhandlungen zwischen dem spanischen Statthalter der Niederlande, Don Juan de Austria und den Generalstaaten, bei denen die niederländischen „Bettler“ kraft ihrer Genter Pazifikation Don Juan manches vorgaben, ihm aber gleichzeitig als königlichen

Vertreter seine Würde ließen, sodass etwas in Marche-en-Famenne, in den belgischen Ardennen, entstand, das dann Ewiges Edikt genannt wurde.

Und es war nicht vermessen, dass das Edikt einzig an Bedeutsamkeit gewann, als er, der Staatshalter, in gewisser Gleichgültigkeit dieses Ewige unterschrieb. Es veranlasste ihn zu erheblichen Anstrengungen, damit, wie es ihm zugesagt, er am 1. Mai 1577 wieder in seine Residenz in Brüssel einziehen konnte. So sicherte er mit der Unterzeichnung den Abzug aller spanischen Truppen aus den Niederlanden und eine allgemeine Amnestie zu. Als Gegenleistung wurde ihm zugesichert, das katholische Bekenntnis zu wahren, sobald die spanischen Truppen abgezogen waren.

Die hohen Rückstände – der Sold der Soldaten an die deutschen und niederländischen Truppen, die in der königlichen Armee dienten – übernahmen die Generalstaaten, die diese Truppenteile nach der Bezahlung auflösen wollten. Er aber könnc blciben und eine neue Ständeversammlung in der Form, wie sie die Abdankung Kaiser Karls hatte, einberufen. So war der Sinn der Sprache.

Es war so, dass es ihn zu erheblichen Anstrengungen veranlasste, damit er am 1. Mai 1577 in seine Residenz in Brüssel wieder einziehen konnte. Doch dass diese Anstrengungen anderer Art waren als die des ewigen Edikts, zeigte sich bald, und zwar ein paar Tage, nachdem er in der Residenz in Brüssel eingezogen war.

Hier rief er bestimmte Spanier zu sich, doch nicht, um sich mit ihnen zu vergnügen, obwohl er immer wieder von ihrer anrührenden, geheimnisvollen spanischen Etikette hörte, die – je nach Rang – um sie war und ihn berührte. Eher war es der unfassbare, unheilvolle Schimmer, der wie ein Letztes von allem war, als sie sich gegenübersaßen und er ihnen in staatsmännischer Weise, oder als junger spanischer Held, was er als ideale Verwirklichung seines Glaubens zugrunde gelegt hatte, was aber durch den endgültigen Sieg der eingetroffenen Wirklichkeit zu der Hoffnungslosigkeit und noch größeren Hoffnungslosigkeit seines Aufgebens führte, das ewige Edikt offenlegte, um ihnen dann mit einem ideal fernen, aber bleichen Angesicht und in Hochmut zu gestehen: „Mir schien, dass mich irgendein friedensstiftender, unsichtbarer Genius aus dem üppig-goldenen Tag spanischen Hochglanzes ins Reich dieser holländischen Schatten zog."

Sie verbargen sich innerlich und hielten geheim, antworteten ihm nicht, was sie an ihm sahen: sein tückisch berechnendes Gesicht, mit dem er erklärte, dass dieser Sieg nie, niemals ein endgültiger sein und er schon bald erschüttert werden würde.

Doch sie alle täuschten sich und er täuschte sie. Tage danach entging ihnen Zweifaches: Erstens, dass er im Juli das Heer in Bewegung setzte und am 1. August 1577 unmittelbar vor Antwerpen seiner Truppe den Befehl gab, die Stadt anzugreifen und zu plündern. Zweitens, seine spanischen Offiziere hatten zu gehorchen oder zu sterben.

Der Soldat, der als Erster Don Juan dabei in sein Gesicht sah, sagte später, des Staatshalters Gesicht entbehre jeden Ausdruck und sei wie am Verwelken.

So also begann der alte Krieg wieder neu. Wobei Don Juan über sich hinauswuchs, aber die Soldaten immer noch nicht ihren Sold bekamen. Im Handstreich eroberten seine Truppen dann die wallonische Zitadelle von Namur. Er wusste, dass nicht in allen Teilen der Generalstaaten Befestigungen von dieser Größe waren und sie ganz sicher nicht bestens für die Fortführung seines Krieges geeignet waren. Die Wasser der Flüsse, der Meuse und Sambre, murmelten kühl und der

Schatten der Berge legte sich auf die holprigen Straßen, es erlosch das Licht, das Tageslicht am Himmel. Die Vögel fingen schon mit ihren Traumgeschichten an, und der Wachsoldat stand die ganze Zeit mit schwarzem Schnurrbart und spanischer Uniform an einem der Tore der Zitadelle und kratzte mit schmutzigen Händen seinen Nacken unter dem schweißfeuchten Soldatenhut. Und hinter den rechteckigen Fenstern hörte man fröhliche Schreie und das Stampfen von Füßen und das Klirren von Flaschen.

So vergingen eine Nacht, ein Abend, ein Tag, eine Woche, dann ein weiterer Monat, bis Don Juan de Austria mit geliehenen oder enteigneten Mitteln ein neues spanisches Schattenheer aufgestellt hatte. Weil er sich eingestanden hatte, was war: dass es in den neun Jahren von 1568 bis 1577 nicht zu haltbaren Übereinkünften mit den Generalstaaten gekommen war. Und dass durch diesen Überfall auf Antwerpen und seine Besetzung der Zitadelle von Namur das Verhältnis zu den Niederländern endgültig und unwiderruflich zerbrochen war. Im Dezember 1577 wurde er von allen Generalstaaten zum öffentlichen Feind erklärt.

Als ob das nicht gereicht hätte, zahlte der spanische König seinen Soldaten noch immer keinen Sold. In der unwiderruflichen Rolle dessen, der eine spanische Schattenarmee begründet hatte, trieb es ihn weiter. Er, der über sich hinauswachsen wollte und seine Truppe zu einer weiteren Schlacht gegen die protestantischen Heere führte. Er siegte, aber nicht dieser scheinhistorischen Schlachtglorie wegen, sondern weil er diesen Sieg zynisch fast ironisch benutzte. Sein Abglanz veranlasste ihn, seinem Halbbruder und König vom mächtigen Spanien, Philipp dem Zweiten, durch seinen Sekretär, Juan de Escobedo, Folgendes schreiben zu lassen:

Nehmt mein Wappen ab, lasst es entfernen aus allen Euren Palästen des Hochadels. Wisst, ich bin ein öffentlicher Feind der Bettler. Ja, das sind sie! Veranlassten mich, ja, zwangen mich zu dem Ewigen Edikt. Aber, Herrscher, was ist schon ewig? Ich sollte die stolze spanische Truppe abziehen lassen, aber irgendwie folgten sie in dieser Hinsicht nicht. Was den Bettlern, den Geusen, aber gelang, war, den Deutschen und Holländern in meinem Dienst ihren Sold auszuzahlen. Lieber Halbbruder, so wie es einfache Soldaten tun, wechselten sie danach zu Hunderten die Seiten.

Warum weigerst Du Dich, warum kommt keine Sendung über Flandern von Dir an, warum zahlst Du spanischen Soldaten keinen Sold?

Sie fragten mich: ‚Don Juan, was hast du uns noch zu sagen, außer der Tatsache, dass wir keinen Sold bekommen?'

‚Das ist wohl alles', antwortete ich.

Mit einem Wort, ein Buch für Soldaten, ohne Anfang und ohne Ende. Ich ließ sie das reiche Antwerpen überfallen, völlig unvorhersehbar, und wir bereicherten uns. Dann zogen wir weiter und eroberten die Zitadelle von Namur im Handstreich, weil es an den Toren außer schlafenden Katzen und bellenden Hunde nichts gab. Seitdem bin ich ein öffentlicher Feind, lieber Halbbruder – nicht Deiner!

Kann es sein, dass jemand dahintersteht, der Dich kennt? Aber Du hast mich enttäuscht und ich habe Dich enttäuscht, denn die letzte Schlacht gegen die Protestanten, die Schlacht bei Gemblours, verlief dank des militärischen Geschicks zugunsten meiner Schattenarmee. Wir brachten Wilhelm dem Ersten von Oranien und seinen Niederländern eine Niederlage bei. Ich werde versuchen, die Bettler erneut zu unterwerfen, mehr, als es Dir jemals gelungen ist. Ich bin jetzt

Dein Generalgouverneur in Namur, nicht mehr in Brüssel. Oder sollte ich es besser nicht mehr sein?

Jetzt, Bruder, fordere ich von Dir die königliche Zustimmung für die Ehe mit der schottischen Königin Maria Stuart, wie ich es Dir schon vorgetragen habe, bevor ich in die Niederlande ging. Dafür aber muss ich in England eindringen, um sie, die Königin, zu befreien. Was also willst du von mir?

De Escobedo legte die Feder sorgsam nieder, sah Don Juan an und sagte sehr langsam: „Herr, Ihr seid Kaisersohns, Sieger der Schlacht von Lepanto, dieser unvergessenen Seeschlacht, und jetzt der Generalgouverneur der Niederlande. Ich will sagen, seitens des vielen, das einen über König Philipp verwundert, ist es gewiss Antonio Perez, Höfling, Ratgeber und Sekretär, der durch manches spricht.“

Dass er damit das, was sein späteres Unheil heraufbeschwor, aussprach, war wie eine Ahnung.

Juan de Austria sah nur zu seinem Sekretär hin, nickte, stand auf. „Euch, de Escobedo, beauftrage ich, dieses Schreiben meinem Halbbruder zu übergeben, macht Euch direkt auf die Reise nach Spanien!“

„Oh Herr“, antwortete Escobedo, „erwartet mich dort nicht eine andere Ära?“

Ende 1577 machte er sich auf den beschwerlichen Weg nach Madrid. Tatsächlich erwartete ihn, es war nach vielen fehlgeschlagenen Versuchen, am Ostermontag des Jahres 1578, als gerade der letzte Glockenschlag nach dem Gottesdienst abebbte, durch Antonio Perez und in Zustimmung des Königs in einer schmalen Seitenstraße Madrids der Tod. Er wurde ermordet. Die Intrige hatte zwei Höhepunkte.

Der eine war, dass Perez und die Prinzessin von Eboli am 28. Juli des Jahres 1579 zu elf Jahren Haft verurteilt wurden. Der zweite, dass Perez 1590 von Madrid nach Aragon floh, sich dem dortigen Gericht unterstellte und Philipp den Zweiten beschuldigte, de Escobedo umgebracht zu haben. Der König versuchte, Perez der Inquisition zu übergeben, aber die Bevölkerung von Saragossa stand gegen den König auf und verhinderte das. Philipp betrachtete das als Rebellion und sandte eine kastilische Armee nach Aragon.

Don Juan de Austria erfuhr es im gleichen Jahr durch einen der Katholiken, der im Auftrag der englischen Königin Elisabeth der Ersten unterwegs war. Er selbst war in der Zitadelle von Namur knapp einem hinterhältigen Mordanschlag entgangen. Daraufhin zog er sich in das spanische Feldlager von Bouge bei Namur zurück. Hier starb er am 1. Oktober 1578 im Alter von einunddreißig Jahren durch das Gift einer Krankheit.

Als König Philipp vom Tod seines Halbbruders hörte, erschauderte er, denn er selbst hatte diesen Tod nicht befohlen. Gebannt und ihn merkwürdiger Stille saß er vor dem vergoldeten Kreuz in der nur ihm zugänglichen kleinen Kapelle im königlichen Palast von Madrid und klagte: „Wie soll ich mit dieser Last leben? Man sagt, du, mein Gott, seiest überall, man sagt, du bist mystisches Lallen. Härter schütteltest du mich als in jedem Fieber, und dann kommt wieder ein ganzes Jahr lang kein Ton von dir. Warum lässt du mich erst jetzt erkennen, wo ich doch nichts vor nächtlicher Stille mehr richtig sehe, du bist mir nichts als ein entschwindender Spiegel."

So blieb es. Doch schon am nächsten Tag ließ er anordnen, dass der Leichnam von Don Juan de Austria nach Spanien überführt werden sollte. Nur das Herz seines Halbbruders sollte in Namur feierlich bestattet werden. Der Leichnam wurde zerteilt und in Satteltaschen von Namur über Frankreich nach Madrid geschmuggelt, um dort wieder zusammengesetzt zu werden. Letztlich beigesetzt wurde er im El Escorial, der Grabstätte der spanischen Könige.

10. Abschnitt
Die drei Träume des Alessandro Farnese

In den Jahren bis 1578, in denen sich auch das Verhältnis zu England verschlechterte, hatte König Philipp in keinem der Adelshäuser das Wappen Margarethes von Parma abnehmen lassen. Denn ihr Sohn Alessandro Farnese, der Don Juan de Austria half, die Schlacht bei Gemblours gegen die Niederländer zu gewinnen, war derjenige, der nach des Königs Erkennen und nach dem Tod von Don Juan von Austria alles weiterführen sollte, damit aber verkannte, dass es einen anderen Weg gegeben hätte.

Es wäre wie ein Aufsteigen eines böswilligen Wirkens durch einen Heerführer gewesen und sein totaler Verzicht, und dies wäre mehr als die Tatsache des Alessandro Farnese.

Der König, Philipp, war sich sicher, denn Alessandro sprach außer Spanisch noch vier Sprachen: Italienisch, Lateinisch, Französisch und Niederländisch. Doch das nicht so, wie es seine Mutter Margarethe von Parma verstand. Er war zu sehr Soldat und auch Diplomat, um Wilhelm dem Ersten, dem Niederländer, ein ebenbürtiger Gegner zu sein. Er war skrupellos und an Gewissen arm genug, alle Mittel anzuwenden, wenn sie nur zu seinen Zielen führten. Um was es ihm ging, hatte der spanische König – wie alle Statthalter vor ihm – gleichermaßen vorgegeben. Das hieß die militärische Rückeroberung der Niederlande und Wiederherstellung der katholischen Diktatur.

Als das Herz des königlichen Halbbruders, Don Juan de Austria, feierlich nach einem Bittgottesdienst auf der Zitadelle von Namur bestattet wurde, stand Alessandro Farnese in voller Rüstung dabei. Und er blieb länger, als viele andere dort standen. Er dachte nach, doch nicht über das, was geschehen war, sondern darüber, wie der frostige Nebeldampf, der schon seit Tagen über Namur hing, inmitten der Erde einen unsichtbaren Feuerbrand hervorgerufen hatte. Und weiter, dass er es sein sollte, der einen erneuten Feuerbrand über die Niederlande verbreiten sollte.

Die Zitadelle von Namur bestand aus drei Teilen, die von unten nach oben als Donjon, Mediane und Terra Nova bezeichnet wurden. Das gräfliche Schloss, das von einem in Felsen gehauenen Burggraben umgeben war, hieß Donjon. Einer der Türme – mit Toranlage – wurde Mediane genannt. Der Turm war nach der Innenseite der Burg offen und mit Schießscharten der Artillerie versehen. Das Fort Terra Nova war ein Soldatenquartier mit Reitställen für etwa 1200 Soldaten.

Am Abend des Bittgottesdienstes ging Alessandro Farnese mit seinem Adjutanten durch die Terra Nova Fort und blieb vor einem der Quartiere mit einer Art Kaschemme wie angewurzelt stehen, weil er Stimmen, viele Stimmen, hörte und dann die einer Frau, die sang, und dann die der Männer, die mit ihr sangen.

„Wir lieben die geräuschvollen Gelage,
den Wein und die Freude lieben wir,
und der feurigen Freiheit Geschenke
verderben wir nicht durch Kummer.
Wir lieben die geräuschvollen Gelage,
den Wein und die Freude lieben wir.
Unser Statthalter sieht aus wie im September – was geht es uns an!
Wir trinken, schmausen und singen,
sorglos, fröhlich und dreist.

Unser Held sieht uns nicht, was geht es uns an.
Hier gibt es weder Kronen, Zepter noch Ketten,
wir sind alle gleich, wir sind alle frei,
unser Verstand ist kein Sklave fremden Verstandes
und unsere Gefühle sind edel.
Hier gibt es weder Kronen, Zepter noch Ketten,
wir sind alle gleich, wir sind alle frei.
Möge auch kommen, wer will,
wir werden uns nicht von den Pokalen erheben.
Möge auch Gottes Donner in unseren Tisch einschlagen,
wir werden nicht aufhören zu zechen.
Möge auch kommen, wer will."

„Holt das Weib raus, nur es!", befahl Alessandro herrisch seinem Adjutanten, nachdem sie von außen das zweite Mal, eben das gleiche Lied, oder was es war, angehört hatten.

Kurze Zeit später hielt sie der Adjutant mit nach hinten gebogenem Arm vor der Tür der Kaschemme fest. Auf dem Weg zurück – Alessandro würdigte sie keines Blickes – wies er die beiden nur an, ihm zum Mediane der Festung zu folgen, denn hier war das Verlies.

„Nimm das schwarze Tuch, binde es vor deine Augen. Die für mich einzig gültige Farbe", fuhr Alessandro sie an.

Die Frau tat, wie ihr geheißen, schwieg, und hörte, wie der Adjutant das schmale Gittertor verriegelte und beide sich entfernten. Was ihr blieb, war das Gefühl der Isolation, und als sie das schwarze Tuch abnahm und in einer Hand hielt, stand sie in der kaum von Licht gestreiften Zelle.

Stunden später war die rostige Zellentür geöffnet, nur zwei Fackeln erleuchteten die rohen steinigen Wände, vor der die Frau mit gesenktem Haupt auf einem hölzernen abgegriffenen Schemel saß. Links von ihr, in gebührendem Abstand, ein rundlich wirkender Mann in einer grünlich-braunem Kutte, einem Ordensgewand, und rechts der schlanke, in samtiges Schwarz-Rot gekleidete Staatshalter. Doch sie sah wegen des schwarzen Tuches vor ihren Augen weder die Mimik der beiden noch ihre äußere Haltung noch die Farben der Kleidung. Ein Wächter hatte ihr befohlen, das Tuch den ganzen Tag umgebunden zu haben. Dafür aber hörte sie die unterschiedlichen Stimmen in diesem langen Verhör.

Gerade hörte sie eine an sich ruhige, aber gespannte Stimme, die zu ihr sprach: „Es ist gut mit dem schwarzen Tuch, Weib. So seht Ihr die Sonne Spaniens auf eine Art, wie ich sie auch manchmal sehe. Für mich ist jeder Tag, als ob Sonne und Mond sich berührten, und manchmal sehe ich mehr als das. – Ihr habt gestanden, dass Luis de Requens Euch ermöglichte, der Guillotine oder dem Galgen zu entfliehen. Und das gewiss nicht, damit Ihr das hetzerische Lied wie eben vor unseren Soldaten rezitiert. Warum also überließ er Euch nicht denen, denen Ihr vermutlich keinen Wimpernschlag wert wart und seid?“

„Herr“, antwortete sie mit klarer Stimme, „ich bin mir gewiss, dass ich Euch und dem geistlichen Herrn keinen Wimpernschlag wert bin. Da ich als gotteslästerlich gelte, so singe ich: ‚Hier gibt es weder Kronen, Zepter noch Ketten, wir sind alle gleich, wir sind alle frei, unser Verstand ist kein Sklave fremden Verstandes, und unsere Gefühle sind edel. Hier gibt es weder Kronen, Zepter noch Ketten, wir sind alle gleich, wir sind alle frei. Möge auch kommen, wer will.‘“ Sie hielt kurz ein, um zu fragen: „Aber Euch, erhabener Statthalter vom spanischen Niederlande, frage ich, ob es ein Leben nach dem Tode, meines Todes, gibt?“

„Durch Euch spricht eine höhnende Teufelin, schweigt, schweigt endlich!“, regte sich der Angesprochene auf und machte das Kreuzzeichen. Danach blieb es still. Bis Alessandro ruhig sagte: „Der Geistliche ist doch dem Himmel nah, also gebe ich die Frage weiter an ihn.“

„Herr, was Euch die Frau fragt, ist falsch. So falsch, wie es falscher nach unserem Glauben nur sein kann. Beantwortet diese Frage einfach nicht.“

Sie wandte sich an den Geistlichen. „Herr, jetzt sprecht Ihr von meinem Vater.“ Und zu Alessandro: „Die wahre Frage ist, ob Ihr und ich vor dem Tode lebendig sind oder schon lange gestorben an dem, was Ihr verschweigt.“

„Das macht alles noch viel schlimmer, denn das, was Ihr vorsingt, ist Bettlergesang“, erwiderte Alessandro. „Ihr verschwindet hier, sofort! Ich will Euch in Namur nicht mehr sehen. Habt Ihr verstanden?“, fuhr er sie an.

Sie nickte. Und leise und selbstvergessen antwortete sie: „Es ist gut mit dem schwarzen Tuch, Herr. So sehe ich die Sonne Spaniens auf eine Art, wie ich sie auch manchmal sehe. Für mich ist jeder Tag, als ob Sonne und Mond sich berührten, und manchmal sehe ich mehr als Ihr.“

Das Letzte aber hörten weder Alessandro noch der Geistliche, sie hatten sich schon abgewandt, die Zelle verlassen und den Wachhabenden angewiesen, die Frau außer Stadt zu bringen. Was auch geschah.

Sie war sich sicher, dass Alessandro jener war, der von den drei Albträumen seines kriegerischen und eitlen Lebens, das auf seinen Abgott der wiederherstellbaren Macht ausgerichtet war, noch lange nicht geheilt war.

So war es. Alessandro verließ die Zitadelle von Namur. Nicht er allein, sondern mit ihm kam eine kleine Truppe an Söldnern, denen er persönlich so etwas wie einen Sold, und einige Geistliche, denen er persönlich Kirchengelder versprochen hatte; und mehrere hölzerne Wägen mit reicher

Last. So erfüllte sich sein Traum – oder war es ein Albtraum? –, von seinen Dienern geliebt zu werden. Denn jedes Mal tat es der junge Herzog wieder, als er die teils verarmten Adelshäuser im Süden der spanischen Niederlande aufsuchte – in den Provinzen Artois und Hennegau mit den Städten Lille, Douai und Orchies.

„Mit einem Wort", sprach er die versammelten Adeligen, die ihn mehr oder weniger zurückhaltend, gar misstrauisch empfingen, an, „schon nirgends mehr gibt es ein Volk, in dem die Schar königlich-spanischer Freunde nicht in Ehren stünde. Lasst Ihr nur allein mich im Stich? Oder erkennt Ihr mich nicht als Euren Verwandten an? Aber kommt, Freunde des Adels, lasst uns gemeinsam bei unserem Nachbarn die Einigkeit zwischen uns verbreiten. Seid gewiss, ich werde mich – im Auftrage des Königs – bemühen, Euch auf jede Art gebührend zu empfangen, und wir werden uns und Euch mit unserem wohl zustehenden Schmuck, Geld und Glauben und unseren Steuern freundlich kleiden. Es ist wirklich, Ihr, die Ihr mit mir gleichen Standes seid, auch wenn Ihr Euch darüber wundert." So vermittelte er seinen zweiten Traum – oder war es jenes, das eher seiner verschleierten Machtgier entsprach? Dass da also irgendetwas wäre, mit dem er –, wie mit der Sicherheit für das äußere Leben, für die Provinz und ihr Ansehen – bürgen könnte.

Am 6. Januar 1579 schloss Alessandro Farnese in Arras tatsächlich einen Bund mit diesen katholischen Territorien, die sich ausdrücklich zum spanischen König Philipp dem Zweiten bekannten und den katholischen Glauben als Staatsreligion anerkannten: die Union von Arras. Zudem sollte der Staatsrat ihm wieder die gleichen Rechte, die er zur Zeit Karls des Fünften innegehabt hatte, und seine Besetzung, die zwei Drittel der Zustimmung der Generalstaaten bedürfen, zugestehen. Auch durften keine ausländischen Truppensöldner in den Niederlanden stationiert werden.

Es waren keine ausländischen Söldner. Aber es waren Söldner, die durch das, was im Januar in Arras geschehen war, so betroffen waren, dass sie eines wussten: Es hatte nie eine Sicherheit gegeben und es würde nie eine Sicherheit geben, nicht in der Vergangenheit, der Gegenwart oder der Zukunft, am wenigsten durch andere Ausländer, durch einen Dämon oder den Züchter davon, genannt Alessandro Farnese.

Wie viele Leute es genau waren, ist nicht bekannt. Doch die, die da waren – es war in Utrecht am 23. Januar 1579 – waren vorher mit unbändigem Zorn über die Wege, teils lange Wege, gejagt. Sie waren aus Friesland, Gelderland, Groningen, Holland, Overisjssel, Zeeland und Utrecht gekommen.

Weder die Stille der Januartage rührte sie an noch der beständige Wechsel, der dem Wetter eigen ist. Immer wütender, immer düsterer flogen sie auf den Pferden dahin.

Doch als sie den Saal in Utrecht betraten, wurde alles ruhig ringsum und sie wirkten etwas ermüdet. Eine Weile blieb es ruhig und sie ergaben sich der Stille, die zwischen ihnen eingetreten war.

Einer war Wilhelm von Oranien, der Adelige. Er ergriff das Wort: „Hört", sagte er, „zunächst ist es wichtig, dass wir eine klare Idee davon haben, wie wir uns unser Leben und das unseres Landes vorstellen. Und was für uns die ersten Schritte sind, um die Veränderung herbeizuführen, die größer ist als das, was uns umgibt. Und was und wer uns von unserer Zukunft abhält, wie die spanische Diktatur und König Philipp." Nachdenklich fuhr er fort: „Ich tat alles, um zu vermitteln, und alles war vergeblich."

„Ich begleitete Euch, Wilhelm, ihr wurdet verlacht.“ Der niederländische Adelige, einer von ihnen, wies nur auf die reich angefüllten spanischen Truhen am Rande des Saales in Arras. „Ich vertraue denen nicht, die die Union mit den Spaniern schlossen!“

Es waren dann die Schreiber, von denen die meisten Adeligen je einen mitgebracht hatten, die alles, was dann vereinbart wurde, niederschrieben. Was sie aufschrieben, war nichts Geringeres als die Gründung der Republik der Sieben Vereinigten Niederlande, auch die Utrechter Union genannt, die Union der Bettler.

11. Abschnitt
Der Albtraum seiner Mutter Margarethe von Parma, der Albtraum des Unerwarteten

Etwa acht Monate später, im Juli 1597, geschah in den Abruzzen Italiens etwas, was auf beides – die Republik der Sieben und auf die Union von Arras – einen Einfluss nehmen sollte.

Die Sommerwinde, die durch die trockenen, sonnendurchfluteten Wälder bis in die Hochtäler und bis zur steilen Bergkette hinaus ihre Wärme und Zuversicht verbreiteten, lagen über L'Aquila.

Margarethe von Parma liebte es, sich auf ihrem Anwesen dieser Stimmung hinzugeben. Eine alte Mauer, die das Anwesen umgab und auf der ein paar abgeflachte, sonnengewärmte Steine zum Sitzen einluden, war ihr Platz. Irgendwie verband er sie mit dem inzwischen verstorbenen Franceso de Marchi, ihrem Architekten. „Was könnte es sein?“, fragte sie sich, „dass ich diesen Ort noch einmal verlasse?“

Drei Monate später kam die Antwort. Der spanische König hatte ihr erneut das Angebot gemacht, wieder als niederländische Statthalterin zu fungieren, mit allen Kompetenzen, die sie 1559 auch innegehabt hatte, und sie hatte eingewilligt. So begann bald ihr Abschiednehmen von L'Aquila und schließlich der Aufbruch über Luxemburg nach Namur, wo sie am 26. Juli 1580 ankam.

Das Ereignis ihrer Ankunft, der neuen, aber bekannten Statthalterin, war vielleicht von Hoffnung begleitet, aber der schwarze Schatten, den Alessandro Farnese zu neuem „Ansehen“ verhalf, begann auch 1580. Als er nämlich in den Provinzen Hennegau und Artois, die sich ihm und den Spaniern, die er vertrat, erneut durch Bestechung und Drohung unterworfen hatten, anfing, eine Stadt nach der anderen zurückzuerobern, erfuhr die Statthalterin Margarethe von Parma wegen der Selbstherrlichkeit ihres Sohnes das vergiftete Gefühl des beißenden Schmerzes einer Abgelehnten. Denn er war es, der sich an keine seiner Erklärungen hielt und stattdessen begann, seine Truppe wieder so aufzubauen, dass er bald eine Stadt nach der anderen in der südlichen Provinz überfallen konnte. Denn er, ihr Sohn, akzeptierte in keinster Weise die hohe Vollmacht der Mutter, ließ es nicht zu, dass sie sie in irgendeiner Weise umsetzen konnte, und ließ Margarethe tatenlos zusehen, was er für ein überspannter spanischer Held war.

Ob sich Margarethes Rückkehr als Statthalterin für die in der Utrechter Union zusammengefundenen Provinzen der Bettler als ersehnte Rettung oder nur als leerer Traum herausstellen würde, war noch nicht entschieden. Vom Sohn Margarethes erlebten sie, und sie trauten ihm nicht mehr, weil sie seine völlige Unfähigkeit zum Waffenstillstand erkannte.

Mit dem Plakkaat van Verlatinghe, auch Akte van Afzwering genannt, duldeten ab dem 26. Juli 1581 die Niederländer das Walten des Alessandro Farnese im Auftrage des spanischen Königs Philipp des Zweiten nicht weiter. In Den Haag unterzeichneten sie die offizielle Erklärung der Republik der Sieben Vereinigten Provinzen, dass Philipp II., Herrscher der spanischen Niederlande, als Landesherr dieser Provinzen und all seiner Vertreter formell abgesetzt wurde und von da an die Unabhängigkeit dieser Republik galt.

Daraufhin drang er, der zornige und hasserfüllte Alessandro Farnese, zwischen 1581 und 1583 in Tournai, dann Maastricht, Breda, Brügge und schließlich Gent ein.

Margarethe schrie, sah den Dämon in ihrem Sohn und auch die Generationserfüllung der Vergangenheit, mit der sie einst zu tun gehabt hatte. In Namur schrieb sie an König Philipp II. Schrieb nichts von der Wirklichkeit, dass ein uraltes Verhalten ihres adeligen Sohnes für viele die Zukunft unmöglich machte und sie stattdessen in die Vergangenheit führte, sondern umschrieb es mit dem nasskalten Klima und ihrer ohnehin angegriffenen Gesundheit: Sie wolle nicht weiter mit ihm regieren!

Aber Philipp der II. bestand auf die gemeinsame Regierung von Mutter und Sohn und kam erst am 25. Juli 1583 ihrer Bitte nach, auf ihre Güter in L'Aquila zurückkehren zu dürfen. Zu der Zeit, als die Mutter dort ankam, Mitte September 1583, fasste Alessandro Farnese den nächsten folgenschweren Plan: Er wollte Antwerpen angreifen.

Margarethe von Parma starb mit 63 Jahren, fast drei Jahre später nach ihrer Rückkehr aus Namur, in Ortona. Vier Kerzen brannten in dem Mausoleum der Kirche S. Sisto in Piacenza.

12. Abschnitt
Das Alteratie von Amsterdam

Fünf Jahre vorher, im Jahr 1578, kam es in Amsterdam zu einer gänzlich anderen Sprache, als sie der spanische Feldherr Farnese verstehen konnte und die er zu deuten hasste, denn ganze Jahresvermögen an Steuern an die Spanier blieben aus. Denn was geschah, vermochte nicht er, sondern die, die dabei beteiligt waren. So kam das Jahr 1578, das Jahr des Glaubenswechsels und der Namensänderung in Amsterdam. Es kam – wie alle früheren Jahre – zwar in ärmlichem Schritt in den Lauf dieser Zeit, aber unter dem dumpfen Getöse neuer und ungewöhnlicher Ereignisse, die sich wie Wellen überstürzten. Alle Tage der weiteren Jahre vergingen, aber das Jahr 1578, besonders der 26. Mai, stand in gewisser Weise einzigartig da.

Das jedenfalls meinten jene, die erlebt hatten, wie die Kommission der Geusen (niederländisch: Bettler) vierundzwanzig von sechsunddreißig teils aus dem niederländischen Adel, aber der spanischen Krone und dem konservativen Katholizismus nahestehende Stadtratsmitglieder (niederländisch: Vroedschap) endgültig aus der Stadt verbannten. Kaum war die Verbannung vollzogen, also gleichen Tages, wurde der neue Stadtrat aus dreißig Calvinisten und zehn Katholiken eingesetzt. So traten in Amsterdam weitreichende Folgen ein und weitere konfessionell ausgelöste blutige Aufstände wurden verhindert. Der Wandel von einer katholizistischen, spanisch besetzten Stadt in eine protestantische, freiere, in der Kirchen, Klöster und manch andere Stätten neue Namen erhielten, wurde vollzogen. Dass die Amtssprache Niederländisch wurde, war wesentlich für jede Art von Frieden. So gingen die Ereignisse dieses Umsturzes als „Alteratie von Amsterdam“ in die Geschichte ein und hatten auch zur Folge, dass die Stadt seitdem in die Handelsbeziehungen der Republik der Sieben Vereinigten Provinzen beziehungsweise der Vereinigten Niederlande mit einbezogen wurde. Es bedeutete außerdem den Anschluss an die Republik der Sieben Vereinigten Provinzen, die sich von der spanischen Herrschaft befreiten und in der Union von Utrecht zusammenschlossen, die jedoch trotzdem mit aktivem und passivem Widerstand, mit immer neu aufflammender Auflehnung und mit Waffen, also kriegerisch, den Krieg mit Spanien fortführten – für die eigene Religion, das eigene Leben und gegen das Diktat der religiös-absolutistischen spanischen Besetzung.

Mehrere Südprovinzen, überwiegend die französischsprachige, hatten sich dagegen in der Union von Arras (Atrecht) vereint, um mit der spanischen Krone, König Philipp dem Zweiten, seinem erzkonservativen Katholizismus und dem politischen Absolutismus verbunden zu bleiben. Die zuvor siebzehn Provinzen mit der Hauptstadt Brüssel, die die spanischen Niederlande ausmachte, zerbrachen. Die Union von Arras erkannte Philipp weiterhin als König von Spanien an; die Union von Utrecht, und was aus ihr entstand, nicht.

In Amsterdam änderte die Alteratie die Lebensverhältnisse vollkommen. Sie beeinflusste den Handel, den Verkehr, die alltägliche Stimmung und die wechselseitigen Beziehungen zwischen den Niederländern und denen, für die die Stadt zum Zufluchtsort wurde: den Immigranten aus den spanisch besetzten südlichen Provinzen, den aschkenasischen Juden Polens, den Osteuropa-Söldnern und den Flüchtenden aus den Nachbarländern. Waren sie katholisch, hatten sie zwar keine

Verfolgung zu fürchten, durften aber öffentlich keine Messen mehr feiern.

Das golden werdende Zeitalter der Stadt entwickelte sich etwa ab 1581 Jahr für Jahr weiter. Aus einer Stadt, bestehend aus Handwerkern und kleinen Kaufleuten, entwickelte sich eine Metropole für mehrere international orientierte Handelsfürsten. Im Jahr 1602 entstand die Vereinigte Ostindische Compagnie (VOC), wodurch der Hafen Amsterdams zu einem der größten der damaligen Welt wurde.

Von nun an segelten die Niederländer von Amsterdam aus nach Nordamerika, Brasilien, Indonesien und Afrika und eine Art Welthandelsnetz entstand. Finanziert wurde die VOC von jenen Kaufleuten, die später auch die niederländischen Kolonien kauften. 1611 wurde die erste Waren-Effektenbank und das zeitweilig größte Finanzzentrum dieser Zeit gegründet.

Wegen der zunehmenden Bevölkerung Amsterdams wurden die Vororte immer mehr um die Grachten herum ausgebaut. In der Folge entstand eine immer größer werdende, sozial verarmende Unterschicht. Die Abgrenzungen, die direkt durch die Stadt, die weitläufigen Plätze und deren Vororte verlief, begannen sich in diesen Jahren mit den Haus- und Straßengrenzen immer schärfer abzuzeichnen, aber auch mit der Häufigkeit der Namen, die damit in Verbindung standen: Namen von Geschlechtern, wie De Graeff, Bicker, Hooft und Huydecoper, van Maarsseveen und Pauw. Ebenso zählt der Name der Familie Deutz dazu, entstanden aus einer Privat- und der Amsterdamer Wechselbank, die die politisch weitgehend unabhängige Stadt führte, als auch Namen, die selten genannt wurden.

Die Stadt war kein geografischer Mittelpunkt, aber eine Art Zentrum mehrerer Regionen der Niederlande. Ein sehr bedeutendes, da die Gründungsurkunde besagte, dass die Stadt einen Markt betrieb, Münzen presste, Zölle und Steuern erhob, Tore und Brücken bauen ließ und das flächengrößte Handelslager besaß. Aufgrund dieser Handelssituation, mit der über die uralten Heer- und Ballastwege wertvolle Salze und vieles andere mehr in alle Richtungen geliefert werden konnte, profitierte das Umland von der wirtschaftlichen Gunst Amsterdams.

Der Mittelpunkt der Stadt war die Kreuzung der zwei breiten Hauptstraßen. Ihr Verlauf teilte die Stadt in Viertel, denen es aber nicht an organischem Gewirr der Sträßchen und Gassen mangelte. In den Häuserzeilen hinter der Hauptstraße entstand aus Raumnot innerhalb der Bauten zurücktretendes und hervorragendes Winkelwerk. In der Nähe des Marktes schmiegte sich die städtische Kirche an die Stadtmauern. Das Portal mit den romanischen Sandsteinbögen verriet das hohe Alter des schlichten Gebäudes, dessen Rückseite mehrere alte Lädchen mit Haustafeln, behäbigen Ladentüren, kleinen Fenstern, den feinen Duft nach Wachskerzen und vielem anderen mehr beherbergte.

Nie mit dem natürlichen Schutz zufrieden, legte man selbst in Besatzungszeiten rund um die Stadt Wehrgräben und Mauern an, denn in ihr lag der Schnittpunkt zwischen Südosten, Westen und Norden.

In einem der umgebenden Stadtgärten hatten sich die Jesuiten angesiedelt. Der Orden hatte während der spanischen Besatzung die Prediger der Stadtkirche gestellt, das Schulwesen – mit Gymnasium und Kollegium – organisiert und mit einem Noviziat auch ein weitläufiges Wirtschaftsgelände.

Eine allgemeine Schulpflicht gab es nicht. Nur Talentierte begüterter Eltern besuchten die Schule, traten in den Jesuitenorden ein und begannen ihre Studien, bis die gegenreformatorische Bewegung kam, der Klerus sich evangelisierte, Glaubensinhalte sich wandelten und sich dem erzkatholisch-dogmatischen Siegel Spaniens entzogen.

Und genau in einer dieser Schule in Amsterdam hatte Balthasar die spanische Ziehmutter gebeten, Jürgen, der nicht sein eigenes Kind war, dort wenn es schulreif geworden wäre für den Unterricht anzumelden. Alles auf seine Kosten, wie auch der ganze Lebensunterhalt.

Auch jetzt, fast dreiunddreißig Jahre nach dem Tod von Margarethe von Parma, brannten vier Kerzen in dem Haus in Amsterdam, das Balthasar Paul erworben hatte, um den Tisch zu erhellen. Nachdem er seinen Reichtum erworben hatte, war er in dieses Haus zurückgekehrt, weil er seine Pläne für seinen Sohn Jürgen und für sich weiterverfolgen wollte.

Das Wachs roch wie die Erde auf seinem Grundstück. Die Luft, die er einatmete, als er die Haustür öffnete, war dieselbe wie die, die er mit denen teilte, die überall in Amsterdam lebten. Seine innere Erhellung, seine Seelenschau, erlaubte ihm bei aller Entsetzlichkeit der vergangenen und gegenwärtigen Geschichte, seelenruhig zu bleiben – bis ein Tag vergangen war und er unter einem verdeckten Namen bestimmte Zeilen niedergeschrieben hatte, die er an einen spanischen Auserwählten richtete. Dann brachte er die Post zur Postkutsche am großen Lagerplatz, die im allerersten Morgengrauen nach Den Haag abfuhr.

13. Abschnitt
Der erste Name

Als er zurückkehrte, übersah er, was schwer zu beschreiben war. Alles schien längst vergangen. Das Leben anderer. Von Margaretha von Parma, von ihrem Sohn Alessandro Farnese, von dessen Vorgänger und manch anderem. Da überkam ihn etwas, es hatte keine Worte, und endete mit seiner Erinnerung an die Jahre vor der ersten Begegnung mit Isabella Alvarez. Es fühlte sich wie ein inneres Zittern an, zog kleine, helle Kreise, als ob sich seine Zellen in Licht verwandelt hätten, und sein Bewusstsein nahm ein eigenes an, eines von dunkler Gestalt. Er hatte so etwas noch nie erlebt. Dieser Teil über die schwarze Legende, von Don Oktavia geschenkt, rief etwas hervor, das gleicher Art war wie der Zorn seiner eigenen Natur. Nur – dieser Eigenschaft folgten eben keine Heere.

Er bekam Angst, nur von kurzer Dauer, aber er ließ es geschehen. So wie damals, als er noch Friedrich Matthias Paul war.

Davon überzeugt, dass es keinen anderen Entschluss zu fassen gibt, machte er eine verzweifelte Anstrengung, die Erstarrung abzuschütteln, die sich schon vor so langer Zeit seiner bemächtigt hatte. Dass es sich in einem der wohlhabendsten Häuser Amsterdams, in einem seiner zahlreichen Zimmer, ereignete, änderte nichts daran. Auch nicht, dass seine Gefährtin, die seine Frau war, ihn damals ungestüm zu umarmen suchte.

Jan van Uphoven war nach den rasch hintereinander erfolgten Toden seiner alten Eltern das Oberhaupt des ersten und zugleich reichsten Handelshauses geworden; doch sein Hochmut vertrug es nicht, dass es in derselben Stadt einen

Mann geben sollte, der sich sein Schwager nannte, wo er doch nur ein einfacher Gehilfe war. Und da es ihm nicht gelungen war, diesen Widerling durch eine Kündigung und Verdammung aus Büro und Haus aus Amsterdam zu verjagen, musste er es eben auf eine andere, für ihn sichere Art und Weise versuchen.

Die Frau des Jan van Uphoven, gezeichnet von ihrem Verlust, der Entführung ihres Kindes, war wie er auf seine Art durch keine ihrer Berührungen von dem Gedanken abzubringen, den einfachen Gehilfen aus der Stadt Amsterdam endgültig zu verdammen.

„Ruft aus dem Kerker den kranken Spanier, den mein jüngerer Bruder, Leutnant Adalbert van Uphoven, mitgebracht hat, als er die Landesgrenze verbesserte“, befahl er einem Bediensteten.

Don Oktavia, in schmutzige Lappen gekleidet, kam aus dem Kerker, aber trotz seiner Blässe sah er nicht gespensterhaft aus. Vor Jan stehend, schlug er seine Augen nieder, was gewisse demütige Geister niemals tun, und hielt seine beiden Hände in Gürtelhöhe gekreuzt. Eine bescheidene Haltung, die vermittelte, dass es keine Art Politikum war.

Kurz, für Jan van Uphoven war es höchste Zeit, den Entführer seines Kindes anzuklagen. Ungewiss war ihm aber, dass es derselbe war, den er über alles – seiner Schwester, nicht seines Kindes wegen – hasste. Leider war dem Spanier diese Rolle aus seiner Sicht die einzige vertraute. Er schlüpfte in diese Rolle, um dann von Jan, für den dies nichts weiter als weiteres Bestechungsgeld war, alle Lumpen ersetzt zu bekommen und viele Gulden entgegennehmen zu können.

Tags darauf standen sie beide, der Häftling namens Don Oktavia und der Handelsherr Jan, vor dem Kommissar, der ein Geuse war und im Bürgermeisterbüro arbeitete.

Jan van Uphoven trug vor: „Mein lieber Freund, wenn Ihr mir nicht die Gunst gewährt, um die ich Euch bitten will, jage ich mir eine Kugel in den Kopf, denn ein anderes Mittel, mich aus meiner schwierigen Lage zu befreien, weiß ich nicht. Ich bin völlig entschlossen, den Staat zu sichern, gewiss, aber für mein Kind brauche ich Hilfe, weil dieser treue, ungünstigerweise etwas heruntergekommene spanische Mann eine Anklage gegen den Mann erhebt, der einst mein Gehilfe war. Er hieß Friedrich Matthias Paul."

Unerwartet wurde die ausgepolsterte Rahmentür des Bürgermeisters aufgestoßen und er selbst schritt ohne Zögern auf Jan van Uphoven zu, legte ihm vertrauensvoll die Hand auf die Schulter und sagte: „Keine Kugel werdet Ihr Euch in den Kopf jagen. Da Ihr meine Tochter geehelicht habt, seid Ihr mein Schwager. Ich übernehme diesen Fall selbst, weil hier Schwager gegen Schwager steht." Dabei gab er dem Kommissar wohlwollend das Zeichen, er solle sich entfernen.

„Ich bin einer der reichsten Amsterdamer, Bürgermeister, verstehe Euch aber nicht, wieso steht Schwager gehen Schwager?"

„Euer Reichtum ist im Augenblick nicht das Wichtige, eher, was Don Oktavia uns zum zweiten Mal zu sagen hat", erwiderte der Bürgermeister und bat beide, einen Platz einzunehmen. Oktavia stotterte ein wenig, brachte, von niemandem unterbrochen, aber die Lüge vor, als wäre sie seine eigene. Es war die Lüge, für die Uphoven ihn bezahlt hatte.

„Das reicht", beendete der Bürgermeister das Gespräch mit ihm. „Aber Ihr, Jan, habt morgen früh, wenn der Arbeitstag beginnt, bei mir zu erscheinen", sagte er, bevor beide gingen.

Jan van Uphoven erschien pünktlich und der Bürgermeister signalisierte, er möge hinter den Vorhängen des Raumes verschwinden, denn eine Begegnung stünde an. Tatsächlich kam bald danach ein Diener, der dem Bürgermeister Friedrich Matthias Paul ankündigte. Dieser trug dem Bürgermeister seine Bitte vor, das über ihn verhängte Gebot aufzuheben oder doch die Frist um eine Woche zu verlängern, weil sein Weib krank sei, sterbenskrank. Ihretwillen gehe er zu dem noblen Bürgermeister, der kürzlich erst dieses Amt, von seinem verstorbenen Bruder ererbt und übernommen hat. Die Schwester seiner Frau habe sich mit Jan vermählt, und so seien die beiden Männer Verwandte.

Balthasar Paul, oder wie er damals hieß, Friedrich Matthias Paul, wurde – was Don Oktavia zum zweiten Mal bezeugte, obwohl er ihn nicht kannte – als Spion der Spanier öffentlich hingestellt. Er wurde auf das Zeugnis dieses mit Gulden gekauften Spaniers und den Vätern der Stadt angezeigt. Er stand unter dem Gebot, nach dem Erhalt desselben innerhalb von vierundzwanzig Stunden Amsterdam, ja sogar das Umfeld der Stadt zu verlassen.

Noch waren sie nicht gänzlich um.

In dieser seltsamen Situation standen Friedrich Matthias Paul die Haare zu Berge, einen Augenblick später sammelte er sich wieder und fing zu lächeln und sprechen an: „Eure Schwester errang die Ehe mit einem der Reichsten, Ihr wisst, es war Jan van Uphoven. Er ist euer Schwiegersohn und mein Schwager. Er hasst mich und jetzt mehr noch die Frauenhand, mit der ich meinen Ring wechselte, die seiner

Schwester Barbara. Ich war viele Jahre einer seiner Kaufmannsgehilfen, ein armseliger Mann. Ertrug seine Willkür und sein Gehabe gegenüber seinen edlen Eltern. Alles steigerte sich bis zur höchsten Unzuverlässigkeit, als die Eltern ihm sein Vermögen übergaben, weil sie starben. Abgöttisch liebt er aber sein Kind, trägt es zu jeder passenden und unpassenden Gelegenheit auf den Armen, als wäre er selbst eine Mutter oder könnte es besser, als es die Aufseherin des Kindes im Kindeswagen könnte. – Warum ich komme, ist: Ich will, dass Jan uns, also seiner eigenen erwachsenen Schwester und mir, unser Leben schenkt und uns nicht mehr verfolgt in der Art, wie er es tut. Ja, zu hetzen begann er uns, wie gefährliche wilde Tiere, immer mit der Absicht, die Schwester dem armseligen Manne wieder zu entreißen; so, wie man ihr auch von Zeit zu Zeit über merkwürdige Boten vorschlagen ließ, in das alte, reiche und glanzvolle Leben zurückzukehren. Aus dem Büro des Kaufmanns, der mich nach dem Dienst bei Uphoven angestellt hatte, war ich schon wieder fort. Jan hatte einen solchen Druck auf das Geschäft desselben ausgeübt, dass der Kaufmann nicht anders konnte, als mich zu entlassen, und wo ich mich meldete, fürchtete man denselben Übelstand und begegnete mir mit Abweisung. Hunger und Not standen an unserer Tür; da wandte sich das Glück noch einmal uns zu, als ich als Steinbäcker mich verdingen konnte; ich jubelte auf, weil bessere Tage in Aussicht standen, für mein Weib und für den Knaben, den uns der Himmel inzwischen geschenkt und den wir erwarteten. Aber die Bosheit ließ immer noch nicht nach, er schrieb ihr Briefe, sie solle sich trennen, unsere Liebe aufgeben, denn er habe alles, was seine Schwester brauche, nur er. Hier ist die Mappe, Herr, der schriftliche Beweis. Von ihm ging alles aus, und die Eltern, die davon wussten, waren zu schwach, sich gegen die Hetzjagd aufzulehnen, die der Grausame über uns verhängte, und ich bitte um eine Verlängerung von vierundzwanzig Stunden und den darauffolgenden Tag."

Trotz seiner Bemühung, ruhig zu erscheinen, fühlte Wilhelm, wie sein Blut in den Adern erstarrte, als er die hohle, schreckliche Stimme seines Schwagers vom Fenster hinter sich hörte. Ihm schwand aller Mut. Mit seinem falschen Lachen trat Jan van Uphoven – sein Todfeind – hinter dem Vorhang hervor. „Alles Lüge, Mann, was du sagst. Versponnen, verlogen, wie immer, aber ich gebe es dir noch, gebe es dir wirklich noch!", schrie er und schmiss seinen schwarzen Handschuh vor ihn auf die Erde. „Nun hebt auf! Sehr geehrter Herr Freund, mein Bürgermeister, ich gehe." Dann schlug er die Tür zu.

„Ich wurde nicht verstanden oder der Bürgermeister hat sich geirrt", raunte er sich später selbst zu. Denn tatsächlich bot ihm der Bürgermeister eine Handvoll Geldscheine an, wenn Wilhelm jetzt schnellstens ginge, von Kind und Weib Abstand nähme und Amsterdam endgültig und für immer den Rücken zukehrte.

Wilhelm aber schüttelte den Kopf, verneigte sich, verließ das Gebäude und lehnte sich an eine der äußeren Säulen, um nicht umzusinken. Er meinte in seinem Kopf immer noch den Schall beider Stimmen zu hören, ein vielstimmiger Chor, wie bei dem letzten Gericht über ihn. „Um des Himmelsvaters Namen", sprach er verzweifelt vor sich hin, „für wen bete ich hier und wer bin ich? Mein Weib wollte nicht zulassen, dass ich zum Bürgermeister gehe, obgleich ich es tat. Ich bat sie, in Amsterdam zu verbleiben, bis sie sich erholt hätte, aber sie nahm ihren Weg auf und ich mit ihr, sie starb. Starb auf der Flucht, auf den gefahrvollen Wegen, in einer Nacht, in der kein Dach unser Haupt beschützte und unser Kind vor

Erschöpfung und Hunger schrie. In der erkaltenden Hand Barbaras, meiner geliebten Frau, aber gelobte ich, kein Stein Amsterdams solle auf dem anderen bleiben, und was man mir angedichtet in Lüge, Zorn und Hass, das will ich dann zur Wahrheit werden lassen."

Es waren die Glocken, die Stundenschläge der großen Kirche, die weithin hallten. Wilhelm richtete sich auf, wusste, die Zeit war gekommen. Es war die Entführung, die er in seiner inneren Gedankenwelten bis zur festgesetzten Zeit schon tausendmal durchgeführt. Und mit einem zornig roten Gesicht und einem kurzen, bitteren Wutschrei schwor er, es ihm heimzuzahlen, es ihm noch ganz besonders heimzuzahlen, das Elend, das Leid, alles, was er ihm angetan.

Er schaute sich um, sah außer seinem Schritt, der zu dem bekannten Gebäude seiner ehemaligen Tätigkeit führte, noch niemanden. Es schien so, als wolle er alle Geheimnisse der Hausnummer 13 hinter sich lassen, denn er ging weit am Gelände vorbei. Wieder und wieder überprüfte er, dass niemand ihn sähe und er auch niemanden. Bis er zu dem vergessenen Gartentor kam, das offen, aber nicht brüchig schien. Hier verschwand er von der Straße in das weite, von Gebüsch bewachsenem Gelände. Fast dämmerte es hier vor sich hin. Er handelte. Nahm den Weidekorb mit dem schweigenden Inhalt wieder auf, um sehr eiligen Schrittes bis zum Eingang der nächsten Gasse zu kommen und über einen weiten Umweg schließlich zum großen Lagerplatz an der Stadtmauer zu gelangen.

Er ließ eine verängstigte, um ihr Leben bangende bedienstete Kinderfrau zurück. Und eine Mutter, die sich ihrer grenzenloser Schuld gegenüber ihrem noch nicht mal ein Jahr alten Baby hingab, und einen jungen Vater namens Jan van Uphoven, der davon ausging, dass die beiden Frauen auf keinen Fall dazu beitrugen, das Verschwinden des Kindes ihm, den Bediensteten oder anderen zu erklären. In der ganzen Aufregung bemerkte niemand, dass hinter der Küche, wo abgestellte Weidekörbe und Kisten standen, genau einer fehlte.

Inzwischen hatte der Mann am städtischen Lagerplatz oberflächlich seine Kleidung verändert und saß an einem Tisch irgendwo abseits der Schenke, mit starrem Blick auf die Straße, den Korb vor sich. Fast flehend flüsterte er ein „Bleib still, bleib nur still“ auf das Kind ein. Das Wasser und den Wein, der vor ihm stand, vergaß er dabei ganz. Nicht aber, dass er inmitten des zweifachen Deckchens, in welches das Kind neben seiner Babykleidung gehüllt war, einen winzigen Zettel gefunden hatte. Er legte den Zettel auf den Tisch und sah die gekritzelten Buchstaben für den Namen Jürgen.

Wilhelm, schier übermüdet, zog seinen Hut tiefer ins Gesicht. Erschöpft und zitternd hing er den Gedanken hinterher und schaute das noch schlafende Kind an. An ihm hatte er sich versündigt. Oder hatte er nur Rache ausgeübt?

Er wollte weg. Aber was sollte er mit dem Kind?

Selbst wenn er Jan van Uphoven etwas beigebracht hatte, sich an ihm gerächt hatte – er hatte sich niemals vorgestellt, welche Wendungen eintreten können, wenn man solche Rachegedanken umgesetzt hatte …

Soldaten aus dem Regiment des Leutnants Adalbert, dem Bruder von Jan, ritten – so empfand er es – auffällig langsam auf dem Markt umher, so als suchten sie etwas. Als aber vor dem Toreingang eine ganze Menschengruppe ankam, die nach Amsterdam wollte, drehten die Reiter ab und ritten ihr durch das weit geöffnete Stadttor entgegen.

Und als Wilhelm später auf Isabella traf, traf Jan van Uphoven auf den pflichtbewussten Bürgermeister Bicker und erhielt das Bestechungsgeld für Friedrich Matthias Paul vollumfänglich zurück, verbunden mit der Mitteilung, dass die Entlassung des zu jedem Übel fähigen Don Oktavia aus dem Kerker unumkehrbar sei, und die Zusicherung, dass sein Kind Jürgen in Amsterdam nicht mehr auffindbar sei, von niemandem.

Beim Betreten von Wilhelms kleiner Wohnung zusammen mit Isabella, der sich dazu bereitgefundenen Mutter für Jürgen, entstanden in ihm Momente und er fühlte sich wie von einem köstlichen, geheimnisvollen Parfüm berauscht. Momente, die sich erst wiederholten, als er später, nachdem er Isabella mit allen Instruktionen für das Kind verlassen hatte, am Stadttor seine schriftliche Ausweisung einem Soldaten vorgezeigt hatte. Dieser jagte ihn mit seinem geladenen Gewehr auf den Verschlag einer langsam vorbeirollenden schweren Kutsche, auf der er jeden Weg, vor allem aber den für viele Jahre, von Amsterdam fort bewältigen konnte.

Doch jetzt war er wieder in Amsterdam beziehungsweise einer Vorstadt davon, unter dem zweiten Namen, den die Zeit aus ihm gemacht hatte: Balthasar Paul.

14. Abschnitt
Isabella und die Kinder

Verdichtet hatte sich der Nebel, grau, feucht lag er über den Kanälen, die sich wie schmale Bänder durch die Straßen wanden, auf denen sich die „Treckschuiten", lange Schiffe, die der Beförderung dienten, wie gespenstische Schatten auftauchten und lautlos vorübergeglitten. Rechts und links der Grachten erhoben sich die mit schwärzlich roten Ziegeln erbauten Häuser, die nur wenig Tiefe, aber eine stattliche Anzahl von bleigefassten kreisrunden Fensterscheiben hatten. Da, wo es einmal mehr ein baufällig morsches Gebäude gab, befand sich gewiss ein Keller, mit der Überschrift auf dem Schilde: *Hier gibt es Wasser und Feuer zu kaufen*

Um etwas zu erwerben, stand eine noch jung aussehende Frau, die den Oberkörper wie von einer unsichtbaren Last gebeugt etwas vornübergeneigt hielt, vor einem dieser Läden, die in Kellerhöhc und mit nicht allzu hoher Decke gebaut waren. Über dem Arm hing ihr Körbchen aus dunkel gebeiztem Rohr, und während die eine Hand den Saum des langen, bunten, fadenscheinigen Gewandes sorgsam ordnete, glitten die Finger der anderen zuweilen über die fahle Stirn, auf welcher der fallende Nebel helle Tropfen bildete.

An den ausgetretenen Stufen der Treppe, die in den Laden hinabführten, verharrte sie. Trotz der rauen Witterung weiter zögernd, holte sie tief Atem und schaute wie hilfesuchend rings umher. Dann aber fasste sie mit plötzlicher Entschlossenheit das Kleid fester und stand bald darauf vor dem Verkaufstisch aus schwerem Eichenholz, hinter dem eine große füllige Holländerin stand, deren weiße Flügelhaube zierten viele vergoldete Ringe und ein Schildchen. Mit einer verächtlich harten Stimme rief sie ihr entgegen: „Aha, aha, die

Spanierin!“ In dem Stimmton lag so viel Verachtung, dass über den Wangen der jungen Frau ein glühendes Erröten huschte und eine zögernde kurze Bewegung ihres Körpers die Absicht andeutete, aus dem ungastlichen Laden fortzueilen. Aber im gleichen Moment obsiegte ihre Erkenntnis, dass man sie gegenwärtig nirgends freundlicher willkommen heißen würde. Und so trug sie mit belegter Stimme ihr Anliegen vor, das darin bestand, ein Stück Brot zu erhalten und etwas kochendes Wasser in den Topf zu bekommen, den sie im Korb mitgebracht hatte. Denn es war der Laden, in dem die Armen und Ärmsten für wenig Geld kochendes Wasser, um sich ihren Tee zubereiten zu können, eine Armlänge Brot oder ein Stück glühenden Torf erhielten, um das Feuer im Ofen anzünden zu können. Wohl war sie sich dabei bewusst, dass sie entgegen der strengen Sitten der Holländerinnen nicht die weiße Flügelhaube zu dem schweren, dunkelfarbigen Rock trug, sondern ihren Kopf mit einem hellfarbigen Tuch umschlungen hatte.

„Das ist alles gut, und es lässt sich leicht fordern“, erwiderte die Holländerin spitz und kam hinter dem Verkaufstisch hervor. „Die Spanier verstehen es eben, einem etwas abzuverlangen, aber wo habt Ihr die Münzen, die Münzen, Donna Isabella, mir meine teuerst erworbene Ware zu bezahlen?“

Die junge Frau hob die dunklen Wimpern und ließ die sanften traurigen braunen Augen eine Weile auf dem angespannt misstrauischen Angesicht der Verkäuferin ruhen. Mit gesenktem Haupt, sehr leise, sagte sie: „Ich habe heute nichts zu geben, Frau Kluetjes, der Jürgen war die ganze Woche krank, und ich konnte die Halskrausen, Spitzen und Seidenrüschen der Bürgersöhne und Edelknaben nicht säubern und waschen, wie sonst wohl. Aber bitte, um Euer Geld kommen sollt Ihr gewiss nicht. Solange ich in Amsterdam lebe, habe ich doch redlich und allzeit bezahlt, was ich gebraucht und entnahm auch von Euch." Ein trotziger Anflug von Stolz durchfuhr sie, sie hob ihren bis dahin gesenkt gehaltenen Kopf. Ein rötlicher Schimmer färbte den bleichen Teint ihres Gesichtes, blähte die Flügel der fein geschnittenen Nase und ließ erst jetzt erkennen, dass diese Spanierin eine schöne Frau war und eigentlich hier, trotz ihrer Armseligkeit, nicht recht hinzugehören schien.

Die kräftige Verkäuferin empfand dies als unangenehm und, wie mit sich unzufrieden, sagte sie – die Fäuste auf dem Eichentisch vor sich gestemmt – grollend: „Wozu muss eine Person wie Ihr, die selber kaum das Sattessen hat, sich noch den fremden Jungen auf den Hals laden? Für Euch allein würde es schon reichen, und was Ihr braucht, könntet Ihr verdienen; zwei Mäuler aber haben mehr nötig als eines, und der Herr Bürgermeister sollte ein Einsehen haben, Euch den Jürgen zu nehmen und ihn in irgendein Waisenhaus stecken."

Wie zur Abwehr vor etwas Schrecklichem hob die Spanierin beide Hände empor und antwortete: „Das wird er nicht tun, nie!" Sie erschauderte. „Das Kind ist mir wie mein eigenes, und seit ich es in Tüchern gewickelt in meinem Arm fand, habe ich es angesehen, als wäre es mir von den lieben Heiligen gebracht. Ein Ersatz für vieles, was mir das Leben schon nahm."

„Wirklich ein schöner Ersatz", murrte die Holländerin zynisch. Sie wandte sich dem Kamin zu, in dem auf einem mächtigen Dreifuß über großen, glühenden Torfstücken ein blank geputzter Kupferkessel stand, streckte dabei die Hand nach dem Topf der Spanierin hinter ihr aus. Während sie ihn mit dem Schöpflöffel füllte, murmelte sie etwas in sich hinein: „Weil ich einem Hund kein Stück Brot versagen kann, sollt Ihr das Begehrte haben. Aber beim nächsten Kommen rechne ich es Euch auf, jede Eurer Schulden!“

In der einen Hand den Topf mit dem kochenden Wasser, in der anderen das Körbchen mit dem Brot ging die Spanierin behutsam die Kellertreppe hinauf und verließ den Laden. Jetzt, nachdem sie aus dem Laden gegangen war, überflog sie ein Frösteln. Der Nebel hatte sich in einen feinen Sprühregen verwandelt und durchdrang schnell ihr Haar und ihr Gewand.

Der Tag war jetzt schon fortgeschritten. Der Schulunterricht musste beendet sein, denn die Bürgersöhne kamen, in Wämser aus Leidener Tuch gekleidet, lachend und schwatzend in kleinen Trupps die Straße entlanggezogen, ihre in festes Schweinsleder gebundenen Grammatiken in der Hand und auf dem Blondkopf die Baretts mit der Hahnenfeder und von den Edelknaben gemieden, die sich in ihren an Brust und Ärmeln ausgepolsterten Gewändern aus rot gestepptem Atlas, den kurzen bräunlichen, weit gepoppten Hosen und dem leuchtenden Scharlach ihres seidenen Strumpfwerkes unendlich vornehm vorkamen und sich nicht bemühten, ihre Federhüte mit kostbaren Agrafien und Straußenfedern vor dem Regen zu schützen.

Isabella schien durch die Nähe der Schüler in Angst und Schrecken versetzt zu werden; denn eiliger als vorher versuchte sie vorwärtszukommen und wich geschickt aus, wenn ihr eine Anzahl lärmender und tobender Knaben entgegenkam. Scheu wie ein gehetztes Reh suchte sie, um die letzte Biegung einer Straße zu kommen, die das Haus barg, in dem sie ihre Wohnung hatte. Plötzlich schnitt ihr ein Tross von Knaben den Weg ab, umzingelte sie und brach mit lautem Geschrei auf sie ein.

„So, so, wen haben wir denn da?“, schrie der Längste der Jungen und steckte sein sommersprossiges, von weiß-gelblichen Haaren umwalltes Gesicht bis dicht unter das Kopftuch, das sich die Frau über ihr Antlitz gezogen hatte. „Wahrhaftig, eine Spanierin! Seht nur das schwarze Haar, seht die Zigeunerin, das ist Kriegsbeute! Ihr Jungen, nehmen wir sie mit und sperren sie in die Festung, die wir uns aus Lehm und Steinen vor dem Judentor erbaut!“

„Nein, lassen wir sie laufen“, schrie ein anderer Knabe, dem die Arglist und Bosheit aus den Augen funkelten. „Ein gehetztes Wild schmeckt am besten.“ Und den Gefährten zublinzelnd, die ihn sofort verstanden, trat er zurück, der Gefangenen eine Gasse zum Entweichen freigebend.

Mit einem kurzen Schrei wandte sie sich zur Flucht. Ihre Augen funkelten vor Erregung und Angst, ihre Glieder bebten; krampfhaft hielt ihre Hand den Topf mit dem siedend heißen Wasser, das sie teils schon verschüttet und das zum Teil ihre Finger schmerzlich verbrannt hatte. Wie erlösend winkten ihr die kleinen bleigefassten Scheiben entgegen, hinter denen sie ihre Stube hatte.

Auf der großen Straße, auf der die Jungen die Spanierin verfolgten, zog ein Trupp Soldaten in Wämsern, mit Armbrüsten und Spießen bewaffnet, vorüber, ohne auf das fliehende Weib und seine Verfolger zu achten. Städter gingen des Weges, streiften den Gurt auf dem schwarzen Rock nieder, lauschten einen Moment auf das Getöse, hüteten sich aber, sich einzumischen. War doch die kriegerisch gesinnte Jugend, die stets von einem Kampf Hollands mit Spanien träumte, sehr geneigt, Spaß für Ernst zu nehmen. Wozu sollte man sich in Gefahr begeben und eine Einbuße der wertvollen Zeit erleiden?

Atemlos, keuchend vor Schreck und Erregung hatte indes die Spanierin gerade das Haustor erreicht und machte eine Wende nach rechts, um hinein zu flüchten. Von den Lippen eines Burschen rang sich ein hämisches, lautes „Sieh an, sieh an!“ Er glaubte sich um seine Beute betrogen. Durch ihr rasches Anstürmen schnitten die Buben der armen Frau nicht nur den Eingang zum Haus ab, sondern brachten sie auch zum Fallen. Der Topf war zerbeult und leer, der Korb mit dem Brot weit weggeschleudert. Der Willkür der rohen Knaben preisgegeben, hielt sie – auf ihren Knien kauernd – wie zum Schutz ihre schlanken Finger vor ihr Gesicht und ihre mit Tränen gefüllten Augen. Bis sie plötzlich eine helle Stimme hörte, die „Mutter, Mutter!“ rief, und zugleich merkte, wie der Angreifer, der sie am Arm gepackt hatte, von ihr abließ und mit lautem Schrei zu Boden gerissen wurde.

„Jürgen.“ Die Frau sprang angstbleich wieder auf und stand nun da, die Arme nach der kleinen schlanken Gestalt ausgestreckt, die den Ranzen von sich geworfen hatte und jetzt mit der Behändigkeit einer Katze einen größeren Jungen ansprang und ihn am Hals packte. Dieser war der Überrumpelung nicht gegenwärtig, stolperte rückwärts und fiel einem anderen vor die Beine, sodass der ebenso zu Fall kam. Aber, was sollte einer allein gegen eine zehnmal so große Übermacht? Was konnte ihr Kind, das bis zum Vortag krank gewesen und heute zum ersten Mal wieder zur Schule gegangen war, gegen die groben, bösartigen Jungen schon ausrichten? Sie sah ihn stürzen und die Meute über ihn herfallen, als er am Boden lag.

Plötzlich ertönte mitten im Tumult eine helle, klare Mädchenstimme. „Weg, ihr alle! Zehn gegen einen, und dazu einen, der viel kleiner ist als ihr. Ich schäme mich für euch! Ja, ja, für euch, auch wenn ihr jetzt lacht, und insbesondere für dich, Vetter Moritz Uphoven, von dem ich gedacht habe, dass er besser wüsste, was sich für den Sohn des reichsten Kaufmanns und Schöffen und Neffen des Bürgermeisters von Amsterdam, meines lieben und gestrengen Vaters, schickt!“ Ihre bunten, reich verzierten Kleider wehten noch vom eiligen Laufe; die langen blonden Locken von den erhitzten Wangen zurückstreichend, blieb die Elfjährige neben Jürgen stehen. Es war eine lange Rede für des Bürgermeisters Trautchen. Weil aber das Außergewöhnliche ihrer Einmischung die Jungen so überraschte und die Erwähnung des Stadtoberhauptes ihnen einen so heilsamen Respekt einflößte, ließen sie von ihrem Opfer ab, wagten nicht wieder anzufangen und verließen stattdessen einer nach dem anderen lautlos den Kampfplatz, auf dem zuletzt nur vier zurückblieben: Isabella, die Spanierin, welche die Scherben des Wassertopfes zusammensuchte, der hellhaarige, sommersprossige Moritz, der mit einer bösen Miene seiner kleinen Base das Versprechen abnahm, niemandem von seiner Heldentat zu erzählen, Trautchen und der kleine Jürgen, der sehr blass war, der aber mit seinen blauen glänzenden Augen mit solcher Dankbarkeit und Bewunderung auf seine Retterin schaute, dass sich diese rasch zu ihm umwandte und freundlich nickend sagte: „Solch ein Knirps und kämpft wie ein Löwe! Wärst du nur wie er, wie Moritz, noch einmal so gern wollte ich mit dir spielen und mich mit dir vergnügen.“ Mit einem hastigen Gruß verschwand sie hinter dem Haustor des Bürgermeisters und klopfte mit dem breiten, glänzenden Messingring an.

Moritz aber warf dem Pflegling der Spanierin einen bösartigen Blick zu, eher er weiter die Straße dahin trottete. Ihm entging, dass dieser seinem Groll gar keine Aufmerksamkeit schenkte, da er soeben hinter seiner Mutter in das armselige Haus hineingegangen war, in dem sie wohnten.

Die vier Treppen, deren hölzerne Stufen von Zeit und Gebrauch so stark abgenutzt waren, dass es nicht gefahrlos erschien, sie zu betreten, stiegen die Frau und der Knabe schweigend empor, um sich oben am Wohnungseingang nach allem Elend, allem Streit sicher und warm in die Arme zu schließen.

„Mutter“, fragte der Knabe und seine Augen sprühten, die Stimme zitterte erregt, „war es wieder darum, weil du aus dem fernen Lande, wo die Sonne heller und wärmer scheint, gebürtig bist?“ Und als die Frau traurig nickte, ballte sich die kleine Hand zur Faust, und er stieß erregt aus: „Ich hasse sie, Mutter, alle hasse ich sie, diese bösen, unbarmherzigen, schlechten Holländer, die dir so viel zuleide tun. Nur das Trautchen ist gut, die uns zur Hilfe kam; aber sie ist auch in ganz Amsterdam die Einzige, die ich leiden mag.“

Die Wohnung, wie sie sich zeigte, wirkte danach nur still, war aber nach Isabellas Maßstab von den lebenden Widersprüchen erfüllt, durch die manches größer, anderes kleiner wirkte. Denkbar, aber in der Realität nicht haltbar. Nicht nur für die Worte ihres Sohnes, auch für ihr eigenes Sein waren es mehr der Klang und der Rhythmus der Sprache, der gleich einem Echo von Brüchen, armer Zerrissenheit und Lebensnot in ihrer Seele wirkte: das Unerreichbare, die Stadt Amsterdam trotz aller Fraglichkeit, aller Für und Wider zu einem Mittelpunkt – ihrem Lebensmittelpunkt – zu machen.

15. Abschnitt
Die beiden Besucher

Amsterdam, anno 1616

Durch die Erlen, Birken und Ulmen pfiff der Wind und teilte zuweilen die grün belaubten Zweige, sodass sie das graue Gemäuer den Blicken freigaben, während er es gleich wieder verdeckte, sodass man von der Straße aus von den Fenstern nichts gewahrte.

An einem derselben stand der Mann, der nicht von sich redete, aber über den geredet wurde. Er blickte in die herbstliche Auffuhr des dröhnenden Windes, die sich Minute um Minute steigerte hinaus. „Wenn er käme, wenn er doch endlich käme“, murmelte er vor sich hin, zog den Gurt fester über das schiefergraue Gewand und ging unruhig in dem Gemach umher, bis er wieder am Fenster einhielt. Von dem nachhallenden Wind begleitet, öffnete sich in diesem Augenblick die Haustür. Auf der Schwelle erschien ein schlanker Knabe, der sich lachend ein wenig schüttelte, ehe er die nasse Mütze vom Blondkopf nahm und achtlos auf einen Stuhl schleuderte.

In Balthasar Pauls Gesicht war beim Anblick des Jungen eine seltsame Veränderung vorgegangen. Denn wie durch eine sanfte Hand schienen alle tiefen Falten des Grolls und der Erbitterung von der niedrigen Stirn wie weggewischt, und in den tief in ihren Höhlen liegenden Augen flammte eine unbesiegbare Zärtlichkeit und Freude auf.

Der Knabe ließ jetzt auch seinen Ranzen zur Erde fallen und sprang auf den Mann am Kamin zu. Seine Arme umschlangen die kraftvolle Gestalt des Vaters. Sein Kopf lehnte sich gegen die breite Brust und sein Gesicht hob sich zu ihm empor, der nun fast mit der Sorgfalt einer Mutter das dichte Haar von der weißen Stirn des Knaben zurückstrich.

So vergingen Stunden mit jenen sich immer wiederholende Erzählung des Jungen von den Spielen in der Schule, wo es stets um den Sieg der Holländer über die Spanier ging. Und der gute Vater ermahnte den Jungen, bei diesen Spielen nicht über das Ziel hinaus zu schießen, auch wenn die protestantischen Lehrer das gerne hätten. So lange vertrieben sie sich die Zeit, bis jene bestimmten Stundenschläge zu hören waren, wo der Knabe sein Zimmer und sein Bett als Bettender und dann als Träumender aufsuchte.

Nachdem der Vater die Tür sorgsam geschlossen hatte, eilte er durch das Haus und suchte, ohne nach rechts oder links zu blicken, den schwer zugänglichen Raum auf, den er Tage vorher nach der schriftlichen Nachricht aus Den Haag für den Empfang der beiden vorbereitet hatte, um dann mit vorgebeugtem Kopf Minute um Minute schließlich Stunde um Stunde lauschend der Erwarteten zu harren. Während sich zwei Reiter verzögert durch den ungewöhnlich starken Regen behindert durch eines von Wolken fast abgedunkelt liegenden Handelsweges und allen anderen Reisenden rasch ausweichend der Vorstadt von Amsterdam näherten und damit dem von Balthasar Paul bewohnten Haus. Mehr noch einer bestimmten Stelle, wo sie, abseits und vom Handelsweg aus uneinsehbar, ihre Pferde festmachen sollten, um dann durch einen von Gebüsch durchwachsenen, nicht freigetrampelten, nebelverhangenen Fußpfad auf die Rückseite des Turmes zu stoßen und mit einem schmalen Holz an eine eichene Tür zu klopfen.

Plötzlich hörte Balthasar im trommelnden Regen tappende Schritte und ein seltsam zeichenhaftes Pochen an der Eichentür, das ihm bedeutete, dass die Erwarteten da seien. „Spania?“, fragte er, sich dicht bis zum Schlüsselloch hinabbeugend.

„Spania heute und morgen allezeit!“, erklang es von außen zurück.

Das war die Parole!

Er öffnete und auf der Schwelle erschienen Don Pedro und Don Miguel. Nachdem die als ärmliche Händler gekleideten Spanier ihre schweren, nassen Reitüberzüge auf den Stühlen abgelegt hatten, dachte Balthasar Paul sofort, das sind welche, denen man ihre letzte Chance gegeben hatte.

Die Blicke der Ankömmlinge schweiften durch den mit Kerzen erhellten Raum und dann auf die auf dem Tisch stehenden Krüge und Flaschen.

Don Pedro forschte dann mit einiger Neugier in den Zügen des Mannes, zu dem sie in dieser zutiefst wichtigen Angelegenheit gesandt worden waren und der ihnen von ihrem Oberen und Befehlshaber als treu und zuverlässig dargestellt worden war. „Ihr schaut so finster, so bleich drein, Mann, aber Eure Augen, sie funkeln vor Begeisterung und nicht vor Reue, Reue über des ganzen Handels Sinn“, sagte er mit überzeugter Stimme.

Balthasar zerstreute bald ihren und in gewisser Weise auch seinen eigenen Zweifel, als er schließlich gebieterisch ausrief: „Beginnen wir!“ Dann zog er die Pläne, die er von allen Gebäuden der Stadt gefertigt hatte, aus seinem Gewand und breitete sie vor ihnen aus. Anschließend widmeten sie sich zuvor noch von einem Tuch abgedeckten wunderbar geformten Modellen des Rathauses, der Börse und des ostindischen Hafens Amsterdams.

Nach einer Stunde, nachdem viele kurze Ausrufe laut geworden waren und Don Miguel wesentliche Hinweise und

Bemerkungen sorgfältig in sein Taschenbuch eingetragen hatte, hieß es von Pedro: „Es muss bald alles fallen, in Schutt und Asche fallen." Dabei zeigte mit der Spitze seines Dolches auf eines der größten Gebäude des Planes. „Je mehr Schutt und Asche es in der Stadt gibt, desto empfindlicher wird der Hochmut gestraft, der die Holländer jetzt bläht, weil sich Amsterdam seit dem südniederländischen Friedensschluss so mächtig gegen uns erhoben hat. Und mit dem Sinken des Hochmutes wollen wir doch sehen, ob Spanien nicht wieder erhält, was ihm bis vor wenigen Jahren gehörte."

„Ja, diesem verletzenden Hochmut ein Ende setzen", stimmte der Holländer Balthasar mit unheimlich feurig funkelnden Augen schnell zu. „Darum bin ich dafür, dass die Funken im Pulverfass explodieren, wenn im Rathaus eine große Sitzung stattfindet und der Bürgermeister in Amtstracht die Reichsten empfängt, jene, die an der Stelle des Herzens ihren schweren Geldbeutel tragen, wo andere ihre Gefühle haben und die über das Weh und über das Mein und Dein und aller Armen entscheiden."

„Mensch, Herr, das ist eine gute Idee, aber sie ist grausam. Ist sie nicht auch grausam für Euch, so in die Geschichte einzugreifen?", fragte Don Miguel. „… wobei nie ein Holländer uns beiden unsere Freiheit wieder schenken würde", sagte er leise und achtungsvoll zu Balthasar.

„Ich bin nicht vom Adel stammend, trotzdem trage ich keinen verfremdeten Blick auf deren Terror, und ich bin kein Stein mit bereits fest in die Erde vergrabenem Schweigen über alles. Dies ist ein passender Ort, an dem ich mich an alles erinnere. Auch daran, eine Zeit lang Steinbäcker an den Ufern der Amsel gewesen zu sein und den ‚Stein der Amsel' erfunden zu haben", ergänzte er.

„Bravo, Mann, das habt Ihr gut gemacht“, rief Don Miguel mit einem verschmitzten Lächeln, und wir müssen auf den Erfolg des irrwitzigen Stücks Geschichte anstoßen. Weil Ihr es so erdacht und unserem Herrn in Den Haag unterbreitet habt.“

Balthasar antwortete: „Ja, in der kaum benutzten Gracht, die hinter den Erlen, Birken und Ulmen meines Gartens vorbeizieht, stehen die Boote bereit; niemand weiß darum, niemand achtet auf sie, hält man mich doch mit dem Bösen im Bunde.“

„So ganz unrecht hat man damit nicht“, unterbrach Don Pedro. Balthasars Blick richtete sich kurz auf ihn, aber er fasste sich, und wissend beziehungsweis unwissend fragte er karg: „,... und Ihr und Don Miguel?“

Der sich dann auf den Stuhl setzende Don Miguel griff selbstvergessen nach den auf dem Tische liegenden Dolch, dann erst nach dem Glas Wein vor ihm, trank aber nicht. Don Pedro beobachtete ihn und nahm sich vor, ihn später darauf anzusprechen. Er brach das Schweigen und fragte Balthasar: „Aber wie werdet Ihr die Fässer mit Pulver in die Boote schaffen, und wie werdet Ihr sie so unterbringen, dass keinerlei Verdacht unser Werk gefährdet und zunichtemacht?“

„Mit Eurer Hilfe“, erklärte der Holländer und fragte, wie es mit dem Sprengmaterial gehe. Auch das Hinbringen der Boote unter die Gebäude, die ja sämtlich auf Pfählen über dem Wasser erbaut sind, müsse noch von ihnen dreien getan werden. Dann werde er die Zündfäden legen. „Ein jeder von uns übernimmt beim Anzünden einen Bau; nur die Börse bedinge ich mir aus. Amsterdam wird das Jahr 1616 nicht vergessen, wenn seine stolzen Bauten in Asche sinken.“

„Aber wer sagt uns, wann die rechte Stunde ist?“, wandte Don Pedro ein und schaute Balthasar an.

„Seid unbesorgt“, gab dieser schnell zurück, „... ich habe meine Berichterstatter und Kundschafter allerorten, unter Männern, Weibern und Kindern; dem Hause des Bürgermeisters wohnen sie gegenüber, und aus der Heimstätte des Schöffen, des reichsten Kaufmanns Jan van Uphoven verschaffe ich mir Kunde, wenn sie auch unbewusst fließt, denn wo gäbe es einen Sohn, der den Vater freiwillig in den Tod hinein verraten würde?“

Miguel und Pedro blickten bewundernd auf ihren Wirt, der alles gut vorbereitet hatte und bei keiner Frage eine Antwort schuldig blieb. Sie sprachen noch weiter, und dann kam dies als Abschied: „Großes wird klein, wesentlich, Kleines groß. Spania heute und morgen allezeit!“

Noch vor dem Morgengrauen verließen die beiden Spanier mit einigen Zeichnungen und dem, was nachgeformt und sorgfältig in lederne Reitsäcke verstaut war, eilig das vergessene, fast unwirkliche Gemach. Sie packten alles auf die Pferde, führten sie zunächst und nahmen auf der Landstraße den Ritt auf. Erst dann ruhte Balthasar sich aus.

Langsamer, trotzdem in einem Tagesritt, erreichten die beiden Spanier ihre Auftraggeber. Erschöpft entluden sie ihr Gepäck, versorgten die Pferde und waren sich ihrer selbst äußerst sicher, mit diesem Bericht vor dem kaiserlichen Gesandten zumindest Ehre zu erfahren. Doch sie irrten, denn er war nicht allein und auch mit dem, was seine weitere Entscheidung beeinflussen sollte, war er es nicht.

16. Abschnitt
Die spanische Residenz in Den Haag

Alles um sie herum hatte die starke Ausstrahlung eines süßen, sinnlichen und gleichzeitig würzigen Duftes. Dafür war die sizilianische Prinzessin von Nerola bekannt. Aber auch dafür, dass dieser Gitterorangenblütenduft der spanischen Sonne eher entsprach als dem niederländischen, oft mit Wolkenmeeren grau verhangenem Himmel und der angespannten Atmosphäre zwischen ihnen, so wie jetzt, obwohl sie nur ein königlicher spanischer Gast war. Der Abgesandte tat sich schwer, seinen Blick von ihr abzuwenden und ihn auf die Modelle und die Zeichnungen, die auf einem Tisch vor ihnen ausgebreitet waren, zu richten.

„Was sagt uns die edelste spanische Krone, was zu tun ist? Weiteres und Besseres, als wir es bisher taten? Was spricht die Krone, sollte mit diesem verhängnisvollen Plan unser Vorhaben tatsächlich gelingen?, frage ich mich."

„Nichts", antwortete der Abgesandte, „außer dass die spanische Herrschaft kein Gespenst ist, sondern weiter gegen Amsterdam angeht."

„Sind denn Eure Handlanger verlässlich?", fragte sie.

„Nein, aber beide Mörder sind dem Glauben und der Krone ergeben und uns ist deren Weiterleben bedeutsam."

„Und der Holländer?", fragte die Prinzessin.

„Er hasst, ist berechnend und erdachte das alles, er ist getrieben von einer Pilgerfahrt, die nirgendwohin führt, in eine Heimat, die nicht mehr die unsere ist und auch nicht die Eure."

„Gut, der Hafen, die Börse sind alt, länger können wir nicht warten, nicht auf eine andere Art Eroberung, die uns eigentlich abhandengekommen ist, und das schon viel zu lange.

Wir brauchen keine verrosteten spanischen Kanonen, keine Ruder, die faulen, hier in diesem Land der niedrigen Decken. Jedenfalls für die meisten, die hier als Spanier leben. Auch wenn mir manchmal das Blut vor Scham gefror, so schäme ich mich unseres und meines Versagens wegen, weil ich hier war und ein Kind zeugte – und trotzdem die Gunst des Königs nicht verlor", sagte von Nerola.

„Ihr sagt es, Prinzessin, es ist zu vergelten!"

Der Abgesandte stand auf, verneigte sich förmlich und wollte den Raum schon verlassen, als er hinter sich die nachdrückliche, nicht allzu helle weibliche Stimme hörte: „Haltet ein! Was ist, wenn es nicht gelingt?"

„Der schwarze Schatten der Vergangenheit liegt über den Handlangern und der Holländer tut es aus sich. Ihr und die spanische Krone aber strahlt heller, wenn vergolten sein wird, was zu vergelten ist. Auch in Eurem Fühlen, wenn das im Regen und bei Nebel in Amsterdam geschehen wird", antwortete der Gesandte. Gerne wäre er gerade jetzt jemand anderes, um noch etwas bei der Prinzessin bleiben zu können. Er blieb nicht und ging drei Stockwerke tiefer.

Jemand anders wäre auch gerne Don Pedro gewesen, als der Blick des Gesandten ihn wenig später traf und er zum ungezählt wiederholten Male erwiderte: „Herr … ich war es nicht allein, es waren mehrere in dem Haus, und es muss einen Verleumder gegeben haben, der dachte, daraus könnte man ein Geschäft machen! Ließ mich verleumden, indem er mir einen toten spanischen Säugling in meiner trunkenen Bewusstlosigkeit in die Arme legte. Da spielte Eifersucht eine Rolle, Herr, Ihr müsst es mir glauben!" Don Pedro ereiferte sich und fuhr fort: „Weil der holländische Schiffs- und Handelsherr in der alten Kaschemme, wo wir unsere Zeit mit Kartenspiel verbrachten, nur mit mir sprach, als er sagte, wir sollen in sein Haus einbrechen. Er sagte genau, wann und wo. Um sein und das spanische Kind, das er mit einer adeligen Spanierin gezeugt hatte, seiner Ehefrau, die keine Kinder bekommen konnte, unterzuschieben. Ihr fiel aber auf, dass es nicht ihr eigenes war und werden konnte. Sie bereuten aber beide aus Standesgründen, weil es so südländisch aussah, und bevor alle zu seiner feierlichen protestantischen Taufe kamen, ließen sie es einfach rechtzeitig verschwinden. Er sagte mir auch, was wir an wertvollem Silber mitnehmen sollten, gleichsam unsere Entlohnung für den scheinheiligen Einbruch, durch den er und seine Frau wie die Opfer schienen. Wir vier tranken Wein, bevor wir in der Nacht in die Antwerpener Villa einbrachen. Ich bekam nur mit, dass einer mich lauthals als Vaterlandsverräter provozierte und dann kräftig niederschlug. Erst als man mich Stunden später verhaftete, allein in dem Haus, mit dem toten Kind im Arm, war mir klar, dass etwas schiefgegangen war. Auch war viel mehr Silber und vieles andere geklaut, als der holländische Herr uns zugestanden hatte. Der holländische Kaufherr und seine melancholische Frau waren entsetzt."

„Das Kind wurde erstickt, Pedro!", sagte der Abgesandte. „Die, von der ihr glaubt, dass sie das Steuer innehatte, ist untröstlich und duldet das nicht, schließlich war es ihr Kind!"

„Ich verstehe Euch nicht, Herr! Wirklich nicht! Es ist nicht mein Beruf, solches zu tun, ich habe noch einen Rest Ehre, auch wenn ich mein gänzlich gescheitertes Leben dadurch verwirke." Verzweifelt und verkrampft setzte sich Pedro und sah schließlich erwartungsvoll sein Gegenüber an, der nur feststellte: „Don Pedro, Euch reut Eure Tat, weil Euch ein vom Katholizismus abgekehrter Niederländer dazu angestachelt hatte, nachdem er einer der schönsten Spanierinnen in diesem Land mit Gewalt ein Kind aufgezwungen hatte, nur um es ihr der Etikette wegen wieder zu nehmen. Deshalb könnt Ihr diese Frau nicht vergleichen mit dem Wiederanwachsen Spaniens in Amsterdam, wie es Balthasar Paul will, auch wenn es grausam sein wird … Ihr hört von mir, Pedro."

Dann schloss sich die Tür.

Graf Salvini ging es um die Wahrheit, und dafür, so nahm er sich vor, wollte er in der mit kostbarem, vergoldetem Leder und Wandtapeten bekleideten Patrizierwohnung, die er als Abgesandter der spanischen Krone bekommen hatte, allein sein. Um alles zu sichten, zu sortieren, was für das Nächste notwendig war.

Don Pedro wartete gleichen Tages, aber etwas später in einem der Säle des Patrizierhauses, ging versonnen um die Modelle herum und betrachtete sie von allen Seiten, die Modelle, die das Kleine groß und das Große klein zeigten, und das mit den wesentlichen Details.

Ihm entging, dass der Befehlsgeber wiederum ihn taxierte, bevor er sagte: „Berichtet mir, aber nur hiervon."

Beide taten es, jeder auf seine Art, bis Don Pedro damit endete: „Das ist eine gute Idee des Steinbäckers, aber sie ist grausam, sehr grausam, und er braucht uns dazu."

„Geht in Euch, Pedro, zu welcher Grausamkeit wart Ihr fähig?", fragte der Befehlsgeber, der kommentarlos alles angehört hatte und sich jetzt in der Lage sah, Don Pedro und seinen Gefährten wieder dorthin bringen zu lassen, wo sie – jedenfalls für eine ganze Weile – stumm bleiben würden. Was auch geschah: in zwei getrennten, gut ausgestatteten, jedoch verschlossenen und bewachten Zellen im untersten Geschoss des Patrizierhauses.

„Wir wollen doch nicht nur die Wahrheit in unserem Bewusstsein haben, sondern auch unsere Überzeugungen von den Schwierigkeiten, durch die sie erworben sind. Das heißt,

Ihr wartet!", gab der Befehlsgeber von gräflicher Herkunft und Abgesandter der spanischen Krone – dem Stande nach Diplomat – den beiden noch mit, bevor sie die Zellen erreichten.

17. Abschnitt
Der Ball von Trautchen, der Tochter von Bürgermeister Bicker

Amsterdam, zur gleichen Zeit: 1616

Sie fand, nachdem sie die Treppe zur Wohnung hinter sich gelassen hatte, die Stube der Spanierin mit Dünsten heißen Seifenwassers angefüllt und sah inmitten des Raumes eine kleine Wanne stehen. Aber die Wäscherin erblickte sie nirgends, und erst als sie Tür der nebenan liegenden Kammer aufstieß, fand sie die dunkelhaarige Frau: auf dem Holzboden kniend, in den Kissen ihres elenden Lagers vergraben und so heftig schluchzend, dass sich ihr schlanker Körper zuckend hob und senkte.

Ratlos blieb das staunende Kind stehen, dann schlich es sich näher heran, berührte mit einer Hand schüchtern die Schultern der Frau und hielt mit der anderen kleinen Hand den süßen Stollen wie zum Trost entgegen. „Das gab mir Mutter für Euch“, sagte es sanft, „es wird Euch den Hunger nehmen.“ Was konnte es anderes sein als die Sorge, den Knaben und sie zu sättigen?

Durch die Berührung des Kindes erschrocken stand die Spanierin, mit wirrem Gesichtsausdruck in dem sonst so schönen Antlitz, vor dem Mädchen. „Ich kann es nicht, ich kann nicht“, stieß sie fast keuchend hervor und streckte abwehrend die Hände von sich.

„Ihr könnt es wohl“, überredete sie Trautchen. „Wir haben sehr viel von diesem süßen Teig aus der Zuckerbäckerei, und Mutter sagt immer, für Isabella Alvarez ist allzeit ein Wecken dabei.“

Wie aus erloschenen Augen starrte sie auf das Kind und stammelte: „Hätte ich Euch doch nie gesehen! Nicht Euch, nicht Eure Mutter, nicht Euren Vater, den die Armen und Elenden hier preisen." Und weiter wich die Frau vor Trautchen zurück.

Diese aber ließ sich nicht irremachen, strich mit ihren kleinen Fingern über die Hand der Spanierin und sah sie mit glänzenden Augen an. „Ihr seid stolz, Frau Isabella, stolz! Wie es ja alle Spanier, Eure Landsleute, sind, aber sehr viel größer als der Stolz sollte doch die Liebe sein, und ich habe Euch lieb; Euch und den Jürgen, den ich abholen wollte, damit ich ihm mein Gedicht für die Braut sagen kann, bei dem großen Empfang in Amsterdam."

Zunächst blieb Isabella stumm. „Der Jürgen ist unten auf der Straße, er vergnügt sich dort mit dem Ball, den du ihm gestern geschenkt", kam es dann tonlos und karg über die Lippen der Frau.

Trautchen aber hörte die letzten Worte kaum noch, sie hatte die Wecken rasch auf den Tisch gelegt, behände schlüpfte sie, den Spielgefährten suchend, zur Tür hinaus.

Umsonst, Jürgen war nicht zu entdecken, nicht auf der Straße, nicht in den Gassen, die daran stießen und bis zu denen das Mädchen zu laufen wagte. Traurig und enttäuscht setzte sie sich schließlich allein auf die Sommerbank, um ihr Gedicht Vers um Vers zu wiederholen.

Jürgen hatte unterdessen mit seinem Stecken den bunten Ball vor sich hingetrieben, und ehe er sich versah, war er mit seinem Spielball aus dem Bereich gelangt, in dem die Wohnung der Pflegemutter lag. Der Himmel Amsterdams war selten einmal so blau und licht wie an diesem Tag, sodass Jürgen die zeitliche Schranke, nach der er längst hätte daheim sein sollen, nicht so ängstlich einhielt. Und der Ball war ein solcher, wie er ihn noch nie besessen hatte. Wie ein Kobold sprang Jürgen auf und ab, lief dabei immer vorwärts, immer ein Wegstück weiter, und endlich, endlich war er bis vor das geviertteilte, große Gebäude gelangt, die Börse. Der Lehrer hatte sie ihm und seinen Mitschülern auf einem Spaziergang gezeigt. Aber was galt es, dass er in einer belebten vornehmen Gegend spielend herumtanzte und ihn das Gebäude nicht interessierte?

Er hatte gerade recht kräftig seinen Ball angeschlagen und lief ihm jetzt mit einem Jauchzen nach, als er ihn eine kunstvoll gearbeitete Barriere überspringen und plötzlich im Wasser verschwinden sah. Er besann sich nicht lange, hielt kurz die Barriere fest, kletterte hoch und sprang seinem Kleinod, das wie eine runde Blüte auf der Wasseroberfläche hintrieb, hinterher.

Niemand hatte auf dem weitläufigen Börsenplatz in dem Augenblick, als dem Knaben das Missgeschick begegnete, seinen Sprung in das Wasser mit angesehen.

Da er zu schwimmen vermochte, teilte er die dunkle Flut mit seinen Armen und näherte sich rasch dem verlorenen Kleinod, das auf dem relativ ruhigen Wasser dahintrieb an den ersten und dann an allen weiteren Pfählen vorbei, die einst in den schlammigen Grund gerammt worden waren, damit sie den stolzen Börsenbau trugen. Weiter trieb es sie, bis dahin etwa, wo der mittlere Umkreis des unteren Gebäudes sein mochte. Hier blieb der Knabe auf einmal an den dicht gestellten hölzernen Pfählen haften, was es ihm erleichterte, den Ball zu erreichen.

Ein breites, flachgelegtes Boot war hier aufgefahren worden. Als sich Jürgen an dessen Kante in die Höhe zog, sah er zu seinem großen Erstaunen verschiedene flachbauchige Holzfässer darin liegen, und von einem Fass zum anderen lief eine kordelähnliche dünne Lunte, die in den oberen Teil der Fässer führte.

Unter dem halbdämmrigen Steinkoloss nahm sich das einsame Boot fast gespenstisch aus. Da auch kein Laut vom Ufer bis hierher drang, war es bis auf das leise Dahinplätschern des trüb-dunklen Wassers still.

Sein Bibbern in der gänzlich nassen Kleidung änderte sich erst, als er sich – mit einer Hand den Ball fest an den Körper gepresst – vom Bootsrand löste. Und langsam schwamm er erst auf dem Rücken, dann wieder vorwärts in das Hellere hinein und auf die Barrieren zu, die den Uferrand bildeten. Er hatte etwas gesehen, aber nicht verstanden, und wollte es bald seiner Mutter klagen.

Der Himmel Amsterdams war selten so rasch vom lichten blauen zum grau bewölkten, regnenden geworden. Jürgen erreichte sein Ziel, hielt sich erst an der untersten Verankerung der Barriere fest, bevor er behutsam den Ball darüber warf. Er zog sich hoch, überwand die Barriere, bis er klitschnass wieder auf dem Platz vor der Börse stand und rasch den daliegenden Ball wieder an sich nahm. Kalte Schauer jagten ihm über den Rücken und er stand immer noch fröstelnd und irritiert da, als er hinter sich eine vertraute Stimme hörte und ein großer Schirm ihn vor dem Regen schützte.

„Oje, oje … Jürgen, Junge, was machst du hier?“, hörte er die freundliche Stimme seines Lehrers, der zufällig den Börsenplatz streifend auf dem Weg zur Schule war.

„Herr Lehrer, ich hab den Ball von Bürgermeisters Trautchen, die ihn mir doch geschenkt hat, aus dem dunklen Wasser geholt. Ich will ihn doch nicht verlieren“, ereiferte er sich.

„Jetzt schau, dass du ins Trockene kommst, bis zur Schule gehen wir gemeinsam, nicht wahr?“

„Ja, ja, gewiss“, erwiderte Jürgen und freute sich über den Schirm des Lehrers über seinem Kopf und den raschen Gang bis zur Schule.

Er war gerade allein in der Nähe der Straße, die zu seinem Zuhause führte, eingebogen, als drei Jungen – unter ihnen wieder Vetter Moritz Uphoven –, die unter einem Vordach gelauert hatten, aufsprangen, auf ihn zu rannten und den Ball forderten.

Jürgen schrie, wehrte sich, wich den Händen aus und trat gegen die drei Angreifer, bis im Regen eine heftig einsetzende Windböe dem Moritz die Brille herunterriss und er wie blind mit den anderen das Weite suchte – und so der Ball bei Jürgen blieb.

Atemlos und triefend vor Nässe kam er mit seinem Ball endlich beim Haus seiner Pflegemutter an. Niemand saß auf jener Bank, auf der sonst Trauchtchen saß. Isabella aber stand am Fenster und starrte auf ihren Pflegling hinab.

18. Abschnitt
Isabella Alvarez

„Jürgen!“, rief sie erschrocken, als er ganz blass auf der Schwelle der Tür erschien. „Was nur sucht deine verlorene Seele da draußen?“ Wortlos steckte sie den Jungen rasch in trockene Kleidung.

Und nun saß er noch ganz erschöpft bei seiner Mutter auf dem niedrigen Schemel, die Arme, wie er es gerne tat, auf ihre Knie, den Kopf in die Hände gestützt und sie dabei ansehend. Er lächelte sie an, sah dann auf den Ball, der neben ihm lag, und meinte: „Bis zum Börsenplatz kamen wir, Mutter, mein Ball und ich, denn er lief mir immer fort. Plötzlich sprang er über die metallene Barriere ins Wasser. Aber ich kann nicht umsonst schwimmen. Flugs sprang ich ihm nach, bis tief unter die Börse … und Mutter, und da …“ Jürgen stockte und Isabella sah ihn erwartungsvoll an. „… da habe ich eine Entdeckung gemacht. Schau einmal, wie kann der Wind, der überall ist, sichtbar gemacht werden, wenn er unter dem riesig großen Steinboden des fast größten Gebäudes der Stadt gar nicht mehr bläst? Das geht doch nur, wenn da etwas liegt, was selbst das Wasser verstummen lässt, nicht wahr? Bei dem hat der Ball angehalten, hing an der Seite eines flachen Kahns irgendwie fest. Gerettet habe ich ihn da, aus dem dunklen Wasser gezogen und mich dabei an den hölzernen Kahn geklammert; der war aber mit kleinen Fässern gefüllt und von einem Fass zum anderen lief ein dünner Faden, dessen Ende im Dunkeln nicht zu erkennen war und der sich weiterzuspinnen schien, vielleicht bis zum Lande. Es sah so unheimlich aus! Aber was kann es wohl sein, was dort inmitten des Wassers gefahren war? Weil ich schwimmen kann, Mutter, habe ich es entdeckt. Dem Herrn Lehrer hab ich nichts davon erzählt, nur dass ich Trautchens Ball aus dem Wasser geholt habe. Und dem streitbaren Moritz Uphoven haben Wind und Regen die Brille von der Nase gezogen, sodass er und die anderen mich wegen des schönen Balles nicht weiter verfolgten."

„Ein Kahn, wirklich ein Kahn …", raunte sie fast zu sich selbst leise. Ein heftiger Atemzug rang sich von ihren Lippen, als lehne sie dieses bedrängende Gefühl ab. Aber um sich doch wieder zu verorten, die Ablehnung nicht zu vermeiden. Also zu vermeiden abzulehnen, auch das bleiche Antlitz des Kindes und ihre eigenen fast schon verkrampften Züge.

Ihre Gedanken lösten die Frage, die bei den Besuchen von Señor Paul wieder und wieder aufgetaucht waren, wo es ihm scheinbar nur um das eine ging, nur zu erfragen, was sie in den wohlhabenden Haushalten der Schulkinder für ihn erkundet hatte.

Jürgen sprang auf. „Mutter …" Er sah in diesem Moment Züge an ihr, die er bisher nicht gesehen hatte. Gesichtszüge, die ihr kaum aufschiebbares Verlangen ausdrückten, das Herz freizusprechen und eine Antwort auf all ihre Zweifel zu hören, die sie durchzogen, auch wenn die Antworten nur von den unmündigen Lippen ihres Kindes kamen. Jürgen spürte, wie die Mutter, die größer war als er, ihn so fest umarmte, als solle er nie mehr vergessen, was – obwohl selbst völlig erschüttert – in dem engen Raum ihrer Küche, wo sie standen, mal laut und dann wieder leise, aber immer mit tränengetränkter Stimme einfach aus ihr herausbrach. Für ihn war nicht alles verständlich.

„Vergeltung ist es, Vergeltung für alles, was man uns an Unbill, Bitterkeit, Schmach und Hohn angetan. Wo ich auch hinkam, hörte ich das eine Schimpfwort, das den Spaniern nachgesandt wird; wie zum Gelächter, nur Gelächter. Wie Geächtete stehe ich, stehen wir mitten im Volk. Können wir etwas dafür, dass man sich für etwas an uns rächt, was die Spanier vor Jahrzehnten getan haben? Als noch Geschichten anders endeten. Sollen unschuldige Spanier für die Schuldigen leiden? Und soll es erlaubt sein, dass die Jugend ihren Übermut an mir ablässt, mich verlacht, mich mit Steinen bewirft, wo immer ich mich bei Tageslicht auf die Straßen wage?“ Jetzt löste sie die Umarmung, richtete sich auf, streckte sich fast übergroß in dem kleinen Gemach und fuhr gedämpft, aber umso schärfer fort: „Du liebst sie auch nicht, diese kaltherzigen Holländer, diese selbstgerechten, heuchlerischen Seelen, die sich ihrer Tugenden brüsten.“ Sie streckte die Finger zu dem Knaben hin.

Dieser aber wich mit einer gewissen Scheu von der Mutter zurück.

„Entsinnst du dich noch des Tages, als die Rotte um Moritz Uphoven über mich herfiel, mich schlug, meine Geräte zertrümmerte? Hast du denn die Worte schon vergessen, die du mir damals sagtest? Dass du die Holländer hassest, hassest alle insgesamt, bis in den Tod hinein! Und wir werden heimkehren in mein schönes Land, in unser sonniges Land, in dem die Orangen wachsen; ich werde dich spanische Lieder lehren, wie sie uns unser Herz diktiert. Die Stunde kommt, nur ein wenig Geduld, bis das Ende da ist, das Ende von Amsterdam, zu dem du heute den Anfang gesehen hast, in dem stillen Wasser unter den Pfählen.“

„Und … das Trautchen?“, fragte der Knabe, als blieben ihm nur diese drei Worte, denn wie er den Namen aussprach, liefen Tränen über seine Wangen, und er zog sich stumm hinter den Tisch zurück, die Mutter ängstlich abweisend, als sie mit erhobenen Armen auf ihn zukam.

Ein kurzer Schrei entrang sich ihr, ihre Hände sanken wie im Augenblick gelähmt. Dort auf dem Tisch lagen die mit Zucker bestreuten Wecken Gertraudis. Und in ihrem Inneren traten die Bilder der Bürgermeisterin und Trautchens hervor, mit ihrem freundlichen, ihr zugewandten Lächeln. Stöhnend drückte sie die Hände auf ihre brennenden Augen. Irrte sie oder wollten sie helfen?

Die Armen und Elenden! Aber waren das die Spanier nicht auch? Fanden sie Duldsamkeit und Schonung in einem Land, das zur See und auf dem festen Boden Sieg über Sieg erfocht und sich zu einem – wenn auch unsteten – Frieden durchgerungen hat? Waren nicht ihre Landsleute die Unterdrückten und Bedrängten? Durfte sie an ihnen Verrat üben? Durfte sie jenem Manne widerstehen, der ihr einst ihren Jungen, ihren Jürgen, in die Arme gelegt hatte? Um danach zu ihr zu sagen, es fließe – mit seinem Namen verbunden – holländisches Blut in seinen Adern, wenn sie ihn zum Spanier erziehe? Zum Spanier! Der alles hasst, was in Leidener Tuch einhergeht. Sie solle ihn behalten, sonst mache er sie so einsam und trostlos, wie sie vordem gewesen!

„Unser Magister sagt, Gott hat in das Heilige Buch schreiben lassen: ‚Mein ist die Rache, ich will alles an jedem vergelten!'“, schallte es plötzlich aus der dunklen Ecke des Gemaches, und die Augen Jürgens strahlten wie Sterne zu der Frau hinüber, die nach diesen Worten in Tränen ausbrach.

„Ich kann es nicht, nein, nein, ich kann es nicht!“, stöhnte sie. Wie an jenem Tag schon einmal zu Trautchen, so kam sie auf den Knaben zu, der sich nicht wehrte, kniete sich hin, legte ihre Arme um ihn und flüsterte: „Aber du darfst reden, Jürgen, nicht jetzt, nicht heute schon, zur rechten Zeit sollst du den Weg erfahren. Und wenn du ihn gehst, wirst du wenigstens glücklich sein.“

19. Abschnitt
Der Amsterdamer Empfang der adeligen Teresa und die Heilige Stele

Die Abendstunden Amsterdams vor den so lange schon vorgesehenen städtischen Empfangsfestlichkeiten für die Adeligen waren von einer gewissen Anspannung berührt. Bis in die Dunkelheit hinein rollten Kutschen mit großem Gepäck und beladene Karren auf das Gebäude nah beim Rathaus zu, wo sie Unterkunft finden sollte.

Es eilten Diener aller Couleur, den Empfang zu bereiten, als wenn ein bedeutendes Wesen käme, als wenn eine Mäzenin käme, die goldenen Staub über die hohen Häupter der Stadt ausschütten würde. Was sie nicht war, und sie erweckte auch nicht den Eindruck.

Sie war väterlicherseits von holländischem Adel, dem Handelshaus, das reichmachendes Getreide nach Norden lieferte. Mütterlicherseits gab es außer dem Edikt, zur erlesenen Oberschicht des Volkes zu gehören, neben dem Dom, der Börse, und dem Hafen noch etwas, warum sie Amsterdam aufsuchen wollte. Worum es ihr in Wirklichkeit ging, war das Wunder!

Ein Wunder, das nicht darin bestand, dass die Adelige von mehreren Männern aus bestem Hause der Stadt Amsterdam Heiratsanträge bekommen hatte – auch von Leutnant van Uphoven – auch nicht darin, dass die Ordensleute eine zukünftige Förderin ihrer Zwecke in ihr sahen, auch nicht darum, dass der hohe Bürgermeister von Bicken selbst die Einladung ausgesprochen hatte und sich zwar nicht in die Organisation ihres Besuches, aber in dem einem Punkt eingemischt hat, dass seine Gertraudis zusammen mit anderen ausgewählten Kindern der hohen Frau zu Ehren ihr Hiersein mit

Versen und kleinen Liedern vor der ganzen Stadtgemeinde hervorhob.

Wenn die Glocken der evangelischen Kirchen hell läuteten, würde die Adelige in ihrer Kutsche und zwei weiteren vor dem Rathaus vorfahren. Und zweitens hatte sich der reichste Mann, Jan van Uphoven, in die Vorbereitung eingemischt, als er den Befehl für die absolute Sicherheit und die sichere Überwachung an allen Orten der Stadt seinem Bruder, Leutnant Adalbert, und seiner berittenen Truppe übertrug. Von dieser Art sicherer Überwachung wusste die Adelige nichts, wohl aber von Besuchen und Konsultationen verschiedener Art, die man hier wie eine subtile Modulation in jedweder Schattierung zuvor kaum oder noch nie erlebt hatte. Und das aber wusste tatsächlich nur sie und die Älteste ihrer ausgewählten Begleitung. Darin war auch das, dass sie ganz allein die Zeit während des mehrtägigen Besuches festlegte, an diesem einen Ort, dem der heiligen Stele.

Die Frau, die Adelige Teresa van Ojedea, die zu Gast war, suchte mit geschlossenen Augen nach dem, was dieses Geheimnis des heiligen Ortes wirklich barg. Die andere Frau, seitwärts hinter ihr auf einer Bank sitzend, beobachtete ihre geschlossenen Augen, ihr von der Kapuze teils verdecktes Haupt, das dunkelgraue einfache Gewand und ihre gefalteten Hände. Was sie spürte, war die scheinbar unwesentliche, aber heilig höchste Zeitlosigkeit, die alles, sie und die andere, umgab.

Da wurde unerwartet die hölzerne Tür aufgerissen. Leutnant van Uphoven trat entschlossen ein und verkündete ohne Übergang, dass nur die wahren Gläubigen diesen Ort betreten dürften, er aber von dem reichen Herrn Amsterdams angehalten war, wegen der Adeligen alle Kapellen und Krypten von jedem Besuch freizuhalten.

Die Frauengestalten erhoben sich, schwiegen, senkten die Köpfe und gingen anmutig an Leutnant Uphoven vorbei zum Ausgang.

Er packte die jüngere Frau fest am Arm und fragte: „Wohin, Weib, geht Ihr?“

Sie schaute, da sie fast seine Größe hatte, in sein Gesicht, hielt seinem Blick sicher stand. „Ich werde jetzt im Rathaus die Kinder der Stadt empfangen und ein Leutnant namens Uphoven hat mir die Ehe angeboten. Ich glaube, ihn werde ich nicht empfangen. Wer stört, wie Ihr, was mir meine Ahnen erzählten, meine Aufgabe zu suchen, dem wird erzählt, nicht von den Ahnen, aber den Lebenden, was sie mir hinterließen.“ So verließen sie diese katholische Kapelle.

Leutnant van Uphoven war nicht entgangen, wer zu ihm gesprochen hatte. Trotzdem war es ihm kein Vergnügen, was er von Teresa van Ojedea gehört hatte. So hatten beide, sie und ihre Begleitung, die kleine Kapelle des Mirakels verlassen und waren auf eine der belebten Straße der Stadt gegangen, ohne dass er je erfahren würde, welchem Glauben sie angehörten. Dann kniete er sich nieder. Obwohl sich niemand um ihn drängte, war es ihm, als dränge es ihn wieder, was lange, sehr lange wie etwas Teuflisches in seinem Leibe war. Eine lange Zeit waren seine Gedanken so wirr und kraus, dass er erst gar nicht eine so außerordentlich bedeutende Schönheit wie die Adelige für sich zu gewinnen versuchte, obwohl sein Bruder ihm dazu geraten hatte. Was so anders war, als er noch als junger Leutnant an der Grenze zur spanischen Seite von einer Spanierin angesprochen worden war, die eine Zeit neben ihm geritten war. Als er davon überzeugt war, sie täte es seinetwegen, gab sie ihm einen gelben Rosenkranz. „Das ist“, sagte sie, „woran Ihr erkennt.“ Er wendete das Pferd und ritt davon. Seitdem trug er diesen edlen kleinen Kranz wie ein Geschenk bei sich, dessen Zeit noch nicht gekommen war.

Für ihn gänzlich unerwartet öffnete sich leise die Pforte und Prinzessin von Nevola trat ein. Ihre Kleidung war die einer Reiterin von weit her, und sie war nicht erkenntlich als das, was sie war. Aber in ihren Händen trug sie einen kleinen gelben Rosenkranz, als sie in die Kapelle eintrat.

Adalbert van Uphoven war ein breitschultriger, kräftiger Mann, der stolzen Blicke eigen, um dessen Mund etwas Verächtliches lag und dessen militärische Schulterzeichen auch von hinten zu sehen waren. Doch immer dann, wenn er nicht weiterwusste, veränderte sich Verachtung von anderen und seine Bereitschaft zu sprechen. Doch dann hörte er ein Stück weit hinter sich eine feine, fast südländisch klingende, deutliche Frauenstimme: „Herr, könnt Ihr mir sagen – denn ich bin fremd hier –, ob Euer Bürgermeister und Euer älterer Bruder alles, was Holland bedeutet, sind?“

Er reagierte fast zornig. „Ja, ich sage Euch: Ja, Ja!“ Dabei drehte er sich nicht um, weil er das Bild ihrer Erscheinung und den besonderen Geruch erinnerte. Und er spürte den hölzernen Rosenkranz in seiner Hand. Doch so, wie er nie erfahren sollte, welchen Glaubens die ersten beiden Frauen waren, so würde er auch ihren nicht erfahren, an die nur ein bewusst vergessener Rosenkranz auf der hintersten Bank erinnerte.

Gänzlich unbemerkt hatte sie die Kapelle verlassen und nahm nun mit zwei Reitern, die draußen gewartet hatten – Don Pedro und Don Miguel – und einem mit Gepäck beladenen Pferdekarren eilig den Weg weiter in die Stadt auf.

Wie es seine Art war, hing er schwersten, verwirrenden Gedanken nach: War es nicht das soldatisch größte Unglück, dass er weder den Rosenkranz der Prinzessin von Nevola noch die adelige Teresa van Ojedea, also weder die Holländerin noch die Spanierin, an ihrer unbedeutenden Kleidung viel zu spät erkannt hatte? Was doch seine Aufgabe gewesen wäre! Zudem er gewiss keine Frau zu ehelichen finden konnte, ja nicht einmal ahnte, welche Zwecke die eine und welche die andere verfolgte. Sollte er aufgeben, alles?

Leutnant Martin van Uphoven sah auf zu der Heiligen Stele. Was er sah, hörte er innerlich; es war so lodernd, dass seine Hände beide Ohren zu schützen versuchten. Es riss jeden Zweifel auf, auch den, den er seit Jahren in sich trug. Seine Erinnerung tauchte auf, es war die an die eine Seele, die etwas vergaß, was zu vergessen nicht möglich war, von der hörte er einzig einen Schrei. Der letzte Schrei eines kleinen Kindes, dem er mit der Spitze seines Degens das Leben genommen hatte. Soldat Adalbert hatte es nie gehört, dass die Stele rief, was sie weiter rief, war heilig, ohne äußere Worte an ihn.

Es war nur später, das heißt einen Monat später – daran zu erkennen, dass er allein und zudem nicht als Soldat bekleidet –, als er Amsterdam verließ, um etwas zu suchen, womöglich ein Grab. Es musste irgendwo an der Grenze gewesen sein, an einem Ort, wo er sich vergessen hatte, erinnerte er.

20. Abschnitt
Das entscheidende Gespräch

Abseits der allgemeinen Unruhe war sie es, die Mutter in jenem Haus, wo Isabella mit dem kleinen Jürgen lebte, die angespannt und aufgeregt war. In der Stube und seinem Zimmer, das die Mutter zu seiner Sicherheit, aber nicht nur deshalb, auch wegen ihrer Ahnung, fest verschlossen hatte. Eine geraume Abendzeit schon hatte Jürgen in seinem kleinen Gemach zugebracht. Er war fast eingeschlafen, als er hörte, wie die Spanierin im Nebengemach mit schweren, schlurfend langsamen Schritten, ganz entgegen ihrer sonst leichtfüßigen Art, zur Wohnungstür ging und sie öffnete. Er fuhr in seinem Bett hoch und sitzend lauschte er gespannt, was an Worten durch die Kinderzimmertür drang, zu sehen vermochte er nicht, was geschah.

„Guten Abend, Isabella Alvarez“, erklang eine tiefe, auch müde Stimme in der Stube. „Ich sehe, Ihr erhieltet meine Botschaft, seid wach, habt meiner geharrt.“

Sie erwiderte nichts, bot dem Gast wortlos einen Stuhl an und setzte ihm einen Glaskrug vor. Wie jemand, der Erholung sucht, setzte er sich und schwieg, wobei er zu ihr aufschaute. Bis er fortsetzte: „Hat sich über Euch eine Gulden spendende Hand aufgetan? Ihr habt mir beim letzten Treffen nicht so aufgewartet, Isabella, wie heute.“ Und gedankenvoll ergänzte er: „Welch schön geschliffener Glaskrug hier.“

„Mitnichten von allem, Señor“, gab sie mit zitternder Stimme zurück, „das, was Ihr da seht, hat mir die Bürgermeisterin geschenkt. Und vieles andere stammt aus derselben Quelle. Die kleine Gertraudis hatte viele Dinge im Überfluss zuvor, bis ich gebeten wurde, herüberzukommen und mir die Dinge zu holen.“

Eine kleine Falte grub sich zwischen die Brauen des Mannes und blieb haften, während sein Blick wie spähend durch die Stube ging. Dann sprang er unerwartet auf und die Schritte hallten in dem kleinen Raum augenblicklich wider.

Sie zuckte zusammen, während über ihre Wangen ein glühendes Rot und dann eine Blässe huschte, und erkannte wortlos: Also auch das wusste er schon, auch das war ihm nicht verborgen geblieben. Was an dieser Freiheit durfte ihr sein?

„Ach", sagte er und setzte sich wieder. „Ich säße lieber auf der Bank am Ofen, Isabella, als auf einem Sessel aus dem Hause meiner Feinde, tränke lieber aus einem hölzernen Becher statt aus einem Glaskrug. Ich ließe meinen Jungen lieber im gröbsten Gewand zum Kinderempfang, als dass ich ihn in ein Kleid steckte, das mir jene geschenkt haben", sagte er mit zunehmend lauter werdender Stimme. „Wenn ich Euch nicht kennen würde, Isabella, nicht wirklich kennen würde, ich es nicht wüsste, dass es in Eurer Seele, wie in der meinen, immerzu die eine unauflöslich blutrote Schrift gibt, die da heißt ‚Tod und Verderben allen Niederländern, besonders denen in Amsterdam', könnte ich fast irre werden, zweifeln an Euch. Ich würde meinen, Ihr wärt von derselben Art wie viele Eures Geschlechtes, die durch ein oder viele Geschenke zu ködern sind oder die ein glaubwürdiges Wort vergessen lässt, wer sie sind. Aber ich weiß, Ihr vergesst es nicht, dass Euch Holländer dereinst von Haus und Hof getrieben, Euren Mann, Euer Kind ermordet haben. Ihr vergesst nimmer, wie man Euch verhöhnt und verachtet, Euch keine Arbeit gegeben hat, schon wegen Eures Namens, Euch schließlich den Verwahrlosten und ihrem Dahinvegetieren bis zum Verhungern überlassen hat. Ihr seid dessen eingedenk, dass rohe Knaben ihren Spott mit Euch trieben und ihr ihnen gegen Elendslohn Rüschen nähtet. Habe ich Euch nicht allzeit mit meiner monatlichen Hilfe genau davor bewahrt und Euch gehalten? Dem Jürgen jederzeit Leben und Schule bei Euch und mit Euch ermöglicht? Ich schützte Euch mit meinem Namen vorm Verelenden."

Seine Rede wirkte. Erschüttert und mit gesenktem Kopf hielt sich Isabella auf ihrem Stuhl, innerlich sank sie tiefer und tiefer in ihre Hilflosigkeit hinein.

Ihm entging ihr mitleiderregender Anblick nicht, sodass er unvermittelt zu Sanftmut und Weichheit wechselte und freundlich sprach: „Freilich habe ich Euch nicht auf Rosen gebettet, Isabella Alvarez, aber lange genug habe ich auch geharrt; die Morgenröte einer besseren Zeit bricht an; mit dem Fallen unserer Feinde erheben wir uns, mit ihrem Sturz kommt für uns der Glanz und wir finden Ruhe, Ruhe, die so lange gefehlt, dass ich fast müde gehetzt bin und mich nach einer sorglosen Zeit sehne."

„Wer könnte Euch helfen, Señor Balthasar …?", setzte sie voller Mitleid langsam an und richtete ihren Blick auf den, der ihr eigentlich fremd.

„Ihr könnt es, Isabella", war seine überraschende Antwort, bevor sie fortsetzen konnte, woran sie dachte, und mit dieser Antwort streckten sich seine Hände nach ihrer zurückweichenden Gestalt, doch dann nahm er sie wieder zurück. „Was für ein Gedanke, Isabella! Doch nicht heute schon, nein, morgen, morgen, nach der Mittagsstunde, wenn erst ein, dann viel Wehgeschrei die stolze Stadt durchtönt! Wenn tief gefallen, was hoch, so hoch, und in Trümmern gebauter Hochmut liegt in dieser kalten, nebligen Stadt, in diesem sonnenlosen Land. Wenn alles in Aufruhr ist auf den Straßen. Still, unbemerkt, und dann werde ich zu Euch kommen, Euch fragen, bitten, mit mir zu gehen, Euch mit mir führen in die Zukunft im warmen spanischen Land mit dem Sonnenschein und der Blumenpracht. Dann werde ich Euch fragen, ob Ihr meine Frau werden wollt. Wie ich es die letzten neun Jahre nicht wagte, wo ich für Euch und das Kind sorgte, das ich Euch anvertraute. Zudem noch die Sorge um meinen eigenen Knaben, dessen Mutter, meine erste Frau, schon am Anfang seiner Tage verstarb. Und nie sollte meine zweite Frau am Fluch ihres Namens leiden wie Ihr hier, und keines der Kinder soll daheim verkümmern.“ Über dem Antlitz des Mannes lag nun etwas so Tiefes und Vergangenes, dass sich die ausgeprägten Gesichtslinien glätteten und sich sein androhender Ausdruck verlor.

Langsam trat die Spanierin mit verschlungenen Händen unweit vor den Fremden, der eigentlich keiner war, und blieb stehen. „Aber mein Junge, mein Junge“, schluchzte die Spanierin unter Tränen auf, „er trägt, wie Ihr es mir damals saggtet, als Findelkind holländisches Blut in sich.“ Doch dann kam, was sie nicht erwartete.

Balthasar, einen Kopf größer als sie, erhob sich, sein Blick war fast leidenschaftlich, und ruhig vermittelte er ihr: „Ich, ich will und werde es ihm nicht vergelten lassen, dass er von einer Amsterdamer Sippe stammt, der ich Tod und Verderben geschworen habe. Aber um Euretwillen soll er gehalten werden, als wäre er mein eigenes Kind, denn ich sehne mich nach einer geordneten Häuslichkeit, ich vermisse die sorgende Hand einer Frau, und ich weiß, Ihr seid zuverlässig, treu und gewissenhaft.“

Während er diese letzten Worte sprach, setzte sich die Spanierin wieder und ihre Hände bedeckten das Antlitz. Als sie die Hände wieder zurücknahm, zuckte sie zusammen, starrte ihn mit einem völlig entsetzten Ausdruck an und blieb schwer atmend und blass sitzen. Sie schwieg eine Weile und antwortete ihm: „Ihr seid schrecklich“, hauchte sie und wich innerlich mit starrem Entsetzen noch weiter zurück. „Ihr verschwiegt es mir fast zehn Jahre, wusstet schon immer, Señor Balthasar, wem mein Jürgen eigentlich angehört. Ihr kanntet seine, Euch ein Leben lang bis zum Äußersten verhassten Eltern und somit seine Herkunft. Ihr habt ihn nicht, wie Ihr mich fälschlich glauben ließet, an der Heerstraße in einem Korb vergessen gefunden. Ihr habt das Kind entführt und Ihr hattet das Herz, einen Vater und eine Mutter das Kind, den Sohn betrauern und beweinen zu sehen?“ Sie hielt kurz inne. „Ihr seid schrecklich“, resümierte sie wieder. „Und jetzt wollt Ihr meine Hand und Ihr wisst, dass ich eine Spanierin bin, und Ihr wisst, warum ich nach Amsterdam kam: nur dafür, um zu rächen, wirklich nur dafür.“

Zusammengesunken, die Hände aufgestützt, saß er verzweifelt am Tisch.

„Warum beliebt es Euch, Steine auf mich zu werfen? Warum verurteilt Ihr mich, die Ihr nicht einmal wisst, was mich jene gekostet und was sie mir allezeit für Leiden bereitet haben? Ja, ich hatte das Herz“, sagte Balthasar Paul, und jetzt war wieder sein hasserfülltes Lächeln da. „Der Narr, der ich gewesen wäre, etwas ohne Berechnung, ohne Überlegung zu tun; danke ich doch dem Vater eben dieses Jürgen, dass ich geworden bin, wie ich bin: klug, vorsichtig und ohne Schonung für das, was mir hindernd über den Weg läuft. Und dieser Junge war mir ein solches Hindernis“, fuhr er mit sich steigernder innerer Erregung fort. „Ich sah seine leuchtenden Augen, seine blühenden Wangen, wenn er auf den Armen der Wächterin lachte und strampelte. Ich sah den Blick des Stolzes, der Freude, den der Vater auf den Sohn warf, wenn die Amme mit dem Kleinen in seinen Gesichtskreis trat. Und so beschloss ich, dass dieser Überfluss an Lust und Genießen ein Ende haben soll – und raubte das Kind aus der Wiege. Nachdem er und sein Schwiegervater, der Bürgermeister, mich aus der Stadt, der Stadt meiner Heimat und der meiner Eltern, verdammt hatten, versuchten sie, mich mit Gulden dafür zu bestechen, dass ich, so hieß es offiziell, ein spanischer Spion gewesen sei. Richtig ist, ich war sein Schwager, seine Schwester war meine Frau. Sie war von der langen Verfolgung durch ihren hochherrschaftlichen, reichen Bruder krank geworden. Starb, nachdem ich versucht hatte, die Frist für den Beginn meiner Verwerfung aus der Stadt zu verlängern und die zynische Verfolgung des Schwagers auf mich und meine Frau einzustellen. Ich kochte vor Hass und war kalt, sehr kalt, als ich das Kind des Schwagers entführte, aber auch hilflos. – Schrecklich, sagtet Ihr?", wiederholte er etwas höhnisch, etwas erbittert. „Warum habt Ihr ein solches Wort für mich, Isabella Alvarez, warum habt Ihr es nicht für jene, die ihr kaltes Herz mit dem feinsten Leidener Tuch, mit Brabanter Spitzen, mit Edelsteinen und Juwelen verdecken?"

„Nein … nein, dieses alles und sicher noch mehr weiß ich nicht von Euch", sagte Isabella, tat es zögerlich und legte die Hände ergeben ineinander.

„Wer wüsste es auch?", rief Balthasar und presste seine Hände zusammen. „Wer ahnt, dass unter der schlichten Maske des Steinbäckers ein Mann steckt, der viel gelernt, viel studiert? Den aber die Armut der Eltern zwang, in abhängige Verhältnisse zu treten, sich mit der untergeordnetsten Stelle des allerdings reichsten Hauses von Amsterdam begnügen zu müssen? Dann kam Barbara und der Sonnenschein, der mir ein ganzes, langes, niedriges, dunkles Leben in verstaubten Räumen gefehlt hatte. Er war da – alles mit goldenem Lichte durchflutend, was mir bisher kalt erschienen war. Alles belebend, was ich tot und gestorben wähnte, und das glückselige und doch traurige Ende war, dass wir – uns liebten. Von den Eltern Barbaras erflehte ich ihre Hand“, fuhr er fort, „sie, sie hätten sich meiner Bitte vielleicht nicht versagt, aber da kam der Bruder Barbaras. Er sprach ihnen viel von seiner unaufhörlichen Schmach, die ihnen eine Vereinigung mit mir, dem Habenichts, dem Hungerleider, bringen müsste. Sie sollten sich vorstellen, dass er – als mein zukünftiger Schwager nimmermehr – um die Hand der reichen, angesehenen Amsterdamerin werben dürfe. Nicht irgendeine, sondern deren Schwester, die sogar von dem Sohne des Bürgermeisters zum Weibe begehrt werde. Sie stellten sich alles vor, und so wurde ich endlich, mit Schmach und Hohn nicht allein aus der Tür, sondern auch aus dem Haus und vom Platze verwiesen. Stellenlos, aller Hoffnung beraubt, irrte ich umher, bis ich nah der Verzweiflung eines Tages einen Brief von Barbara bekam, einen Brief, der mir Mut und Besonnenheit zurückgab. Am Tage darauf fand ich auch, als sollte etwas gelingen, einen Platz bei einem anderen Kaufmann, und drei Tage später wurde mir durch einen Geistlichen Barbara van Uphoven zu nächtlicher Stunde als Weib angetraut.“

„Barbara – Barbara Uphoven, das sagtet Ihr?“, schrie Isabella heftig getroffen. Plötzlich erhellte sich die ungestellte bange Frage wie ein inneres Licht.

„Barbara van Uphoven“, bestätigte der Mann, und ein weiches, gutes und freundliches Lächeln ging von ihm aus, sodass er wie um ein Jahrzehnt verjüngt aussah. Er sann nach und fuhr fort: „Wie sehr liebte ich mein Kleinod, sie, die willig aus der reichsten Fassung von Gold und Glanz herausgegangen war, um sich an meinen bescheidenen Tisch zu setzen. Wie bewunderte ich sie! Die sich mutig der Wut, der Rachsucht und der Verfolgung preisgab, die ihr – dem Geldadel und seinem äußeren Ansehen verpflichteter – Bruder über uns verhängte; ich hätte die Sterne vom Himmel holen mögen, um ihr Leben damit zu schmücken; alles fernhalten mögen, was ihr Kummer und Leid zu bereiten vermochte. Und nichts, nichts konnte ich tun, nichts ausführen.“ Balthasar stöhnte und schluchzte auf. „Vom Bruder ging alles aus, und die Eltern verkannten die Hetzjagd, die der Grausame über uns verhängte. So, wie man ihr auch von Zeit zu Zeit über merkwürdige Boten vorschlagen ließ, zurückzukehren in das alte, reiche und glanzvolle Leben und die Ehe aufzugeben. Aus dem Büro des Kaufmanns, der mich angestellt, war ich schon wieder fort. Jan van Uphoven hatte einen solchen Druck auf das Geschäft desselben ausgeübt, dass er nicht anders konnte, als mich zu entlassen. Wo auch immer ich mich ab dann meldete, fürchtete man denselben Übelstand und begegnete mir mit abweisender Kälte. Hunger und Not standen an unserer Tür. Da wandte sich uns das Glück noch einmal zu, als ich mich als Steinbäcker verdingen konnte; ich jubelte auf, weil für mein Weib und den Knaben, den uns der Himmel inzwischen geschenkt, bessere Tage in Aussicht standen. Aber die Bosheit ließ nimmer nach, und da es Jan van Uphoven, dem reichsten Mann der Stadt, nicht gelungen war, mich und meine Existenz zu vernichten, musste er es eben auf eine andere, sichere Art und Weise, das heißt mit viel Geld, versuchen. So wurde ich, Friedrich Mathias Paul, wie ich damals hieß, als Spion der Spanier öffentlich hingestellt und den Vätern der Stadt angezeigt; auf das Zeugnis eines zuvor inhaftierten, dann für Geld gekauften Spaniers hin ging mir der Befehl zu, in vierundzwanzig Stunden Amsterdam, ja das Umfeld der Stadt zu verlassen. Mein Weib lag damals krank, und um ihretwillen ging ich hin zu dem noblen Bürgermeister, der kurz zuvor erst dieses Amt von seinem verstorbenen Bruder übernommen hatte. Ich trug dem Bürgermeister naiv meine Bitte vor, dies Gebot aufzuheben oder doch wenigstens die Frist um eine Woche zu verlängern. Als ich gesprochen, erscholl ein kurzes, falsches Lachen vom Fenster her und hinter einem Vorhang trat Jan van Uphoven hervor – mein Todfeind, ein Leugner und der, der reiches Bestechungsgeld an den Bürgermeister überreicht hat. Er, der Bürgermeister, bot mir dann eine große Summe Geld, wenn ich schnell verschwände, von Kind und Weib Abstand nähme und Amsterdam endgültig den Rücken kehrte. In gekünsteltem Glauben und falscher Theatralik fuhr mich der Bürgermeister an: ‚Ihr habt Euch mit dem Spionagedienst für die dunklen Spanier unverzeihlich stark versündigt!‘ Uphoven der alles angestiftet, wurde blass bis in die Lippen hinein. Draußen schwor ich es mir mit einem Wutschrei, ihm das Elend, das Leid, das er mir angetan, ganz besonders heimzuzahlen.“ Wie in Trauer und Schmerz aufgelöst klangen seine Worte.

Mit heftigem Atem fragte sie: „War alles darum, Balthasar Paul … darum?“ Und mit ihren emporgehobenen, verschlungenen Händen deutete sie fast unbewusst in Richtung der Kammertür, hinter der sich ihr Kind, ihr Jürgen, befand. Er erkannte, dass sich die Gedanken der Frau ihrem Pflegling zuwandten, nickte, sein Antlitz war von innerer Qual gezeichnet. Sie hielt sich verkrampft auf dem Stuhl.

„Versteht Ihr mich nun“, setzte Balthasar in der Stube fort, „warum ich frohlocke, wenn der Tag der Rache gekommen, dass er bald anbricht? Versteht Ihr nun, warum ich zu Euch eilte, von Euch zu hören, wie es in den Häusern des Bürgermeisters, der Uphovens, ausschaut? Könnt Ihr begreifen, warum ich heute gekommen bin zu erfahren, wann morgen im Rathaus Sitzung ist wegen des Empfanges der Teresa van

Ojedea, der Adelsfrau, und wann Herr van Uphoven sich in der Börse, seinen Reichtum zu mehren, aufhält?

Durch die Glieder des bewegungslos an der Kammertür lauschenden Jürgen glitt ein Schauer der Angst, als er es hörte.

„Ich weiß, im Bürgermeisterhaus sagte man, es ginge um eine neue Kirche, mit der hätte auch die Adelige zu tun. Und der wohlbetuchte Haushalt mit Sohn Moritz van Uphoven ist mit goldverzierten Gittern versehen worden. Und er ist jeden Tag für viele Stunden in der Börse“, sagte die Spanierin schaudernd und schüttelte sich. Sie sprach die Sätze mit so lauter Stimme, als müsse sie noch ein zweiter hören.

Jürgens Herz klopfte in heftigen Schlägen, als er Balthasar triumphierend ausrufen hörte: „Nichts wisst Ihr, nichts, Isabella, aber klar wird es Euch werden, wenn es morgen einen Donnerschlag gibt, so laut, als würde die Erde sich spalten; und der wohl edle Jan van Uphoven, auch der Bürgermeister, werden sicher nimmermehr wiederkehren.“

„Wer Euch helfen könnte, Señor Balthasar, ist in dem Zimmer hinter Euch“, sagte sie langsam und voller Verständnis – dennoch war es nicht so gemeint. Dann wandte sie ihren Blick wieder ihm zu und dem, was ihr noch fremd.

21. Abschnitt
Die Nacht

Jürgen hörte nicht mehr, worüber die beiden noch sprachen. Er öffnete geräuschlos das Fenster, kletterte zitternd auf den schmalen Sims, unter dem an der Mauer befestigt die Feuerleiter begann; ganz verwirrt von dem, was er gehört hatte, dachte er an Trautchens Gesicht, was ihn verunsicherte. Doch Sprosse um Sprosse führte ihn nach unten. Sofort wollte er bis vor die Tür des Bürgermeisters laufen, um ihm all das, das ihm das ganz Ungeheuerliche, zu erzählen.

Als er unten war, unweit der Ecke, wo die Haustür einzusehen war, hörte er, wie diese schwerfällig aufging. Vor Schreck hätte er fast aufgeschrien, als er jemanden durch die Tür kommen sah. Der Fremde, dachte er, würde ihn, wenn er ihn jetzt sähe, ins Haus, in die Wohnung, zur Mutter zurückschleifen. Doch dann sah er die Gestalt, die weder nach rechts noch links blickte, eiligen Schrittes die Straße hinabgehen. Ungesehen und unbemerkt rannte er, bis er mit seiner kalten Kinderhand laut den metallenen Klopfer des Bürgermeisterhauses anschlug.

Währenddessen hatte die Spanierin die leere Kammer entdeckt und war zum Fenster geeilt. Von dort aus also hatte der tapfere Junge den Weg genommen. „Jürgen, mein Jürgen, dich aufzugeben … Und doch muss es jetzt sein“, sprach sie stöhnend und segnete jene Stelle, das geöffnete Fenster, wo er sie verlassen hatte.

In aufgebrachter Hast raffte sie Kleidungsstücke und andere Dinge in den Kleidersack. Dann legte sie einen edlen Schmuckgegenstand und ein winziges Hemdleibchen auf den Tisch. Daneben einen grauen Papierbogen mit deutlich geschriebenen Worten. Dann verließ sie die Kammer, die Wohnung, das Haus.

Einen gänzlich drohenden Ausdruck im Gesicht hatte die Magd, die den nächtlichen Eindringling zum Bürgermeister führte, der sofort laut sprach: „Wusste ich es ja, dass man mit den Spaniern nur Ärger und Ungemach haben würde."

Jürgen weinte, als er in das versteinerte Gesicht des Bürgermeisters sah, doch dann erzählte er.

Ein paarmal unterbrach ihn der Bürgermeister mit einem jähen Ausruf, einem Kopfschütteln, einem Zeichen des Zweifels, des Unglaubens, als aber Jürgen von dem halsbrecherischen Abstieg aus seinem Zimmer erzählte, flog ein Schimmer der Bewunderung zu dem Kind hin. „Wäre es wahr, was du sagst", fiel er ein, „könnte Amsterdam dir nicht genug danken; noch aber klingt mir das Ungeheuerliche wie ein Märchen. Doch der Augenschein soll es mich lehren, dass es richtig war, mich vom Schlafe abzuhalten."

Die beiden gingen langsam auf die nachtdunkle Straße vor den Häusern. Als Jürgens Blick zum Hausfenster seiner Mutter ging, war es finster. So finster wie der Weg, dem sie immer weiter und weiter folgten, der Weg ohne Beleuchtung, der Weg, den der kleine Ball genommen hatte. Bis dahin, wo der trübe, dunkle Kanal unterhalb der Börse dahinfloss. Hier löste ein starker Tritt mit des Bürgermeisters Fuß die eiserne Kette, die am Ufer ein Boot gefesselt hielt.

„Steig hinein", gebot der Bürgermeister, löste das Boot vom Steg, ergriff selbst das Ruder und navigierte das Boot langsam durch das völlig dunkle Wasser der ruhigen Gracht auf die Pfähle unterhalb des Gebäudes zu. Jetzt sahen sie schemenhaft, dass dort jenes Boot, in dem Jürgen die seltsamen Fässer gefunden hatte, mit einem Anker festgemacht war. Und schon stieß ihr Boot gegen die Planke des anderen an.

Es war mit sorgfältig bis an den Randlauf des Bootes festgemachten Tonnen gefüllt. Auch die gekonnt an bestimmten Stellen der Fässer angebrachte Schnüre, welche die Fässer verband, ließen keinen Zweifel zu, wozu man das Boot aufgefahren hatte. Ein Fehltritt des Kindes, als es zum Bürgermeisterhaus heruntergestiegen war – und unabwendbar wäre das Verderben über Amsterdam, dessen Familien und über viele andere gekommen.

Etwas zitternd sank der kräftige Ruderer auf die Bank seines Bootes zurück, besann sich, sprang auf, schwang sich in das andere Boot, zog sein handlanges Messer und schnitt alle Zündfäden oberhalb all der Fässer ab. „Jetzt, die Ruder, die Ruder!“, rief er dem Jungen zu. Als er sie hatte, zog er den Anker, welcher das pulverbeladene Boot hielt, in die Höhe und rückte das Boot erst einmal von der Stelle fort, an der man es aufgefahren hatte. „Jetzt, Jürgen, nimm mich wieder auf!“, sagte er erregt und erschöpft.

Kurz darauf glitt das Boot wieder durch das Wasser, bis zu der Stelle am Ufer, wo sie es abgestoßen hatten. Sie stiegen aus. Die Hand Bürgermeister Bickers, der die des Jungen anfangs grob angefasst hatte, umspannte mit warmem, festem Druck die kleine Rechte des Jungen, bevor sie zum ostindischen Hafen und dann zum Rathaus weitergingen, um hier das fast gleiche Werk noch einmal zu verrichten.

Danach sah er den Jungen an. „Es ist eine böse, sehr böse Macht, Jürgen“, sagte er verhalten, „und nun heim! Deine Mutter wird sich ängstigen, aber ich führe dich zu ihr und bringe ihr schon jetzt jeden Dank, den dir morgen ganz Amsterdam zu Füßen legen soll!“

Jürgen antwortete nicht, er war nass und ihm war kalt.

Auf dem Weg die Straße entlang trug der Bürgermeister den Knaben mehr, als er ihn begleitete. Schließlich stiegen sie die vier Treppen empor und gingen in das unverschlossene Gemach der Spanierin.

In der Küche setzte er Jürgen auf einen Stuhl. Bald darauf sank sein Kopf aus Müdigkeit auf seine Arme und dann auf die Tischplatte.

Welche Tür der Bürgermeister auch aufstieß – in den kleinen Räumen war es still, es regte sich kein Atemzug, nichts, und mit einer Mischung aus Verwunderung und grauenvoller Ahnung entzündete er rasch Kerzen und Feuer im Ofen.

Kein Zweifel, hier sprachen eine offenstehende Truhe, dort ein Spind, vor dem einige Kleidungsstücke – wohl in der Eile zu Boden gefallen – herumlagen, von der schnell beschlossenen, unvorbereiteten Flucht der Spanierin. Sie war fort.

Ungeduldig wandte er sich wieder der Wohnküche zu. Dicht vor ihm, auf dem Tisch der Küche, lagen ein winziges Säuglingshemdchen, ein katalanischer Dolch in einer Scheide, ein Schmuckstück und ein Zettel. Mit dem Gefühl, als seien diese Augenblicke der Wirklichkeit entrückt, las er die Worte: *Nehmt Euch des Säuglingshemdchens und des katalanischen Dolches an. Händigt den Dolch Leutnant Adalbert van Uphoven aus, dass er eines Statthalters Dolch zurückbringe. Dem Dorf, wo ich herkam. Und dass er das Hemdchen am Grab des Kindes niederlege, das er selbst umgebracht. Nehmt Euch meines Pflegesohnes, nehmt euch Jürgen van Uphovens an.*

Sollte es Wunder geben?

Als wäre es gestern gewesen, traten ihm jene Tage vor Augen, an denen im Hause des Schwagers Uphoven nichts als Wehklagen und Trauer geherrscht hatten, an denen seine Frau Elisabeth dem Wahnsinn nahe gewesen war, weil man ihr das Kind, das kaum ein Jahr lang ihr ganzer Stolz gewesen war, aus der Wiege geraubt hatte. – Und sollte nun dieser Knabe, der eben vor ihm schlafend am Tisch lag, dies verlorene Kind, der Sohn Jan van Uphovens sein? Und sollte die Immigrierte dem Leutnant etwas antun, was kein anderer Mensch diesem Mann antun konnte?

Während der Bürgermeister mit diesen Fragen, die ihn aufwühlten, obwohl sie eigentlich seine Irritation auflösten, beschäftigt war, kam ein Gefühl von Wertschätzung, Achtung und Zuneigung in ihm auf, das ihn anschließend langsam und entschlossen handeln ließ. Er steckte die Sachen, die auf dem Tische lagen, in die Taschen seines Gewandes, schlang kurz die Arme um den Pflegling der Spanierin, hob ihn hoch und trug ihn in sein eigenes Haus.

22. Abschnitt
Der Tag

Die hin und her flüchtenden Wolkenberge waren durch das Sonnenlicht und stundenlangem Hin- und Herziehen zu einer abgestumpftem grauen Wolkenlandschaft, oben am Himmel, über Amsterdam verteilt. Unten an jenen weitläufigen Bereichen der Stadt, den Plätzen vor der Börse, dem Rathaus, dem Handelshaus und auf den Marktplatz zu, zeigte die Stadt ein lebhaft bewegtes Bild.

Die meisten, Unwissende und Wissende, schoben das rege Leben und Treiben noch immer den Empfangs- und späteren Vermählungsfeierlichkeiten der hohen Teresa vom holländischen Adel zu. Aber nicht nur, auch allem, was sonst noch war, den Marktständen, den Bänken an den Grachten und um den Dom herum.

Denn weniger in den Gässchen und Straßen, mehr auf den öffentlichen Plätzen gab es diese einfach, aber sauber gekleideten Holländer. Bürger, die aus kurzen Tonpfeifen rauchten, den Gurt über ihren ärmellosen Gewändern fester zogen und sich hier ein „Guten Morgen" zunickten, dort ein kurzes Wort zur Begrüßung miteinander sprachen. Irgendwie versuchten sie, die bestellten Bürger, dennoch – es schien, sie wussten nicht, warum – die Mitbürger, die gerade nicht rauchten und zufällig an den Grachten vorbeigingen, unauffällig wieder mehr in die Straßen zu lenken, damit sie dort ihren Weg fortsetzten, sodass kurz vor der Mittagszeit die Plätze still dalagen, fast leer, bis auf ein paar einzelne Personen. Unter anderem drei ins Gespräch vertiefte Männer, die langsam dahinschlenderten, die Hände in den breiten Hosentaschen. Den beiden holländisch Bekleideten ging Balthasar etwas voraus. Sie sahen harmlos aus, man mochte sie für

Spaziergänger halten. Bis er kurz anhielt und von Weitem den Bürgermeister, Mitglieder des Rates und Handelskaufleute – Jan van Uphoven an deren Spitze – in das Rathaus hineingehen sah. Daraufhin trennten sie sich, in verschiedene Richtungen gehend, wobei jeder von ihnen in der Hosentasche einen Zünder hatte, also Steine, durch welche das jetzt noch friedliche Amsterdam in Schutt, Trümmer, Entsetzen und Elend umgestaltet werden sollte.

Balthasar ging den beiden holländisch Bekleideten etwas voraus. „Jetzt beginnt es“, murmelte er, orderte mit einem kurzen Nicken beide ein letztes Mal heran und befahl: „Ein jeder gehe an seinen Platz. Ihr kennt den Ort, wo die Zündfäden vom Wasser aus durch den Erdboden zur Oberfläche kommen. Entzündet sie! Ihr habt genug Zeit, ehe der Funken bis zum Pulverfass glimmt, Euch in Sicherheit zu bringen, und dann lauft, was Eure Beine hergeben! Verschwindet!“

Mit regloser, versteinerter Miene näherte sich Balthasar der Barriere, die das bewegte Gewässer, welches das Börsengebäude umspülte, von der Promenade abschloss. Er blieb neben einem herausgeschnittenen, kaum auffälligen, kleinen Rasenstück stehen. So, dass es nicht auffiel, bückte er sich, als wolle er seinen Schuh zubinden, wusste aber, dass dort die Fäden mündeten. Mit geschickten Griffen setzte er sekundenschnell mit dem Zündstein die kleine schlängelnde, bläuliche Flamme an die Fäden, die sich sogleich entzündeten. Er blieb noch eine kurze Weile gebückt, sah dem vermeintlich Unausweichlichen nach und richtete sich dann auf. Doch als er sich umwandte, starrte er in bärtige holländische Gesichter, die ihn so umringten, dass er nicht ausweichen konnte. Er richtete sich ganz auf, hob seine Hände und suchte vergebens nach einem Ausweg aus dem Knäuel von Menschen, in das er geraten war. Von Ferne sah er ein ähnliches auf sich zu bewegen, in dessen Mitte sich wahrscheinlich Don Pedro und Don Miguel mit angstverzerrten Gesichtern befanden. Gefangen waren sie, nicht nur er, nicht nur sie. Balthasar setzte denen, die ihn geschnappt hatten, nichts entgegen, lauschte nur erwartungsvoll, wartete auf die wuchtige Explosion, den Knall, der kommen sollte.

Doch es blieb still. Ganz still.

Dann erzitterte die Luft. Und ein Klingen und Singen antwortete von überall her. Die Glocken von St. Marien und allen anderen Kirchen läuteten, waren am Mittag im Rhythmus für die langsamen, feierlichen Schwingungen und den Beginn des hohen Empfangs jener Adeligen, Teresa van Ojedea, der die Ehre gebührte, weil sie Bilder zurückgebracht hatte, die damals bei der Bilderstürmung der katholischen Kirchen vorübergehend ihre anschauliche Macht verloren hatten.

Im zweifachen Sinne von Wiederherstellung sprach als erster Zeuge Bürgermeister Bicker vor den Richtern und dem Rat: „Wiedererlangt ist die verloren geglaubte Bildermacht, die die Adelige Teresa nach Amsterdam brachte. Aber die Bilder, und nicht nur sie, wären durch Zerstörung unwiederbringlich geworden. Wäre es nicht in der Nacht zuvor verhindert worden, durch ein spanisches Kind, das nie ein spanisches Kind war.“

In diesem Moment senkte sich Balthasars Haupt auf die Brust. Er befand sich in einem der auf der Rückseite des weitläufigen Rathauses befindlichen Gerichts- und Haftraum, wohin man die Inhaftierten gebracht hatte. Er war … Ja, wie stand er zu diesem Kind?

Da er Holländer war, verurteilten ihn die Richter zu einer kurzen vorbeugenden Haft. Für die drei wurden getrennte Verhandlungen anberaumt.

23. Abschnitt
Weiß gerahmter Fensterflügel

Im Festsaal an der vorderen Seite des Rathauses aber war sie: Teresa van Ojedea, die leise vor sich hinmurmelte: „Zufall ist nicht zu kontrollieren, aber anfällig für die Gnade."

Anderes sich selbst zu ermutigen, ließ der festliche Sessel nicht zu, neben dem die drei Obersten der Stadt – einer in Uniform, einer im Talar und einer vom reichsten Adelshaus – saßen. Die anderen Gäste waren weiter weg, die Männer, Frauen, Väter, Mütter und Kinder Amsterdams. Das alles galt allein ihrer Ehre und dem niederländischen Adel, aus dem sie kam.

Diese zarte Mädchenstimme hatte etwas in ihr geweckt, was sie erinnerte, für Augenblicke entgrenzte, bis zu der alten Segelmacherin hin, bei der sie selbst als Kind gerne saß und deren tausend Handgriffen, die stets wie ihr Gesang zusammenpassten, zusah und -hörte.

Nachdem also Trautchen – sie hieß Getraude van Bicker, die Tochter aus dem Haus des Bürgermeisters – ihr Lied als Letzte rezitiert hatte und sich alle noch der Welt der Wachträume und der Fantasien hingaben, sagte Teresa nicht ganz so laut: „Dieses Mädchen muss wohl auserwählt sein, muss etwas Besonderes haben, sonst hätte es keine Zeichen empfangen, Bilder, die in ihrer eigenen Erinnerung flackern."

Teresa war einst ein hageres Mädchen gewesen, das mit verschlissenem Rock und ärmlichem Hemd vor einem Kamin gekniet hatte. Auf ihrem Arm trug sie eine zutrauliche Taube.

Am selben Tag, so erinnerte sie, war der Segeltuchmacher gestorben. Und sie stand wieder vor der schlichten alten Frau, der Tante, wie sie sie nannte, und sie erinnerte, dass es in ihrem tiefsten Herzen für sie nur noch diese Tante gab. Natürlich wollte die adelige Mutter die besten Noten von ihr sehen, natürlich sah der Vater schon den ausgezeichneten Schulabschluss. Natürlich, natürlich. Bis sie dann, später, als junge Frau in einem ihrer Erinnerungsträume, das eine Zeichen war: In ihrem Zimmer ein weiß gerahmter Fensterflügel hing schief in den Angeln, Wind kam auf und der Flügel schlug gegen die Mauer. Das war ihr inneres Zeichen, stehe auf und handle. Was sie tat, als sie von dem thronartigen Sessel aufstand und jedem der Kinder ein wunderbares kleines Geschenk gab. Gertrude schaute zu der fein gekleideten Frau auf und sagte zu ihr, da sie doch aus einer sagenhaft reichen Gegend käme, wenn auch nicht direkt aus Amsterdam, könne sie doch wohl Jürgen dorthin mitnehmen und ihm auch ein Geschenk machen, weil er doch so viel für den Vater, die Stadt und ihre Spielfreunde getan habe.

Teresa van Ojedea sah das Kind an und sagte dann sanft: „Ich werde zuvor des Bürgermeisters Wort hören."

Kurze Zeit später stand dann Jürgen im festlichen Saal vor der Adeligen, als wäre er im Sonnenlicht. Neben ihm standen – beide waren gerührt – die Eltern, Jan van Uphoven und seine Ehefrau mit ihrem zweiten Sohn, Moritz.

„Was denkst du, Jürgen?", fragte sie.

„Gestern war meine Mutter noch da, sie ist Spanierin und hat eine feine Stimme, und ihre warmen Augen leiteten mich. Deshalb lag alles immer so nah bei Trautchen, ein Lächeln der Hoffnung für meine Eltern und mich."

24. Abschnitt
Haft

Warum der beengte Haftraum der einzige war, hing mit seinen Fenstern zusammen, von denen es nur zwei an einer Seite gab. Die anderen zwei Seiten machten die Tiefe aus und die vierte Wand war der Tür mit ihren schweren Absperrungen vorbehalten. Das Licht der hoch gelegenen Öffnungen war karg, es reichte aber, dass sich die drei sahen.

Der Holländer sprach nicht. Und doch gab es im Angesicht von Don Miguel einen vorwurfsvollen und in dem von Don Pedro einen ernsten Ausdruck.

„Wo ist die Prinzessin von Nevola, wo wir doch eben die Glocken für die adelige Teresa van Ojedea hörten? Wo ist also unsere Spanierin, außer dass sie dem Holländer die Steine für das Zünden gab? Steine, von denen jeder zündete, aber dann auf dem Weg erloschen. Nie, nie wurde unser mit Feuer geladenes Boot erreicht. Mein Schicksal, Freunde, es ist besiegelt, wirklich besiegelt“, sprach gedämpft, tief enttäuscht und tatsächlich dem Tode nah Don Pedro aus.

Don Miguel, der sonst eher Leichtfertige, stand mit beiden Händen an der Wand abgestützt mit dem Rücken zur Wand, den beiden anderen zugewandt. „Freunde“, sagte er, „hat je einer unserer spanischer Statthalter nachgelassen, erst Anpassung, dann Rebellion, dann Kampf, dann Kooperation mit den Holländern zu betreiben? Was also erwartest du, Don Pedro, von der Prinzessin? Als sie uns begleitete, war alles klug und durchdacht. Selbst der Leutnant verlor sich an sie. Und was soll ich machen? Was soll ich jetzt machen?“

„Wartet“, sagte Balthasar Paul, „noch kennen wir nicht unser Urteil. Ich aber sage es euch, so war sie noch kurz bei mir, gab mir die Zündsteine und sagte: ‚Ab jetzt, alles, alles liegt in euren Händen.' Ich fragte sie, warum sie und der Abgesandte denn keinerlei Verantwortung übernähmen. Was tat sie? Sie stieg dann auf ihr Pferd mit dem Pferdekarren und ritt langsam los. ‚Für jeden Sieg, jeden Sieg, holländischer Freund, trage ich sie, nur dafür', antwortete sie."

Wieder dröhnten die mächtigen Kirchenglocken, selbst bis in die Gefangenenzelle. Diesmal schien es, weil es dreimal schlug, war es für die adelige Teresa van Ojedea.

Balthasar murmelte vor sich hin: „Zufall ist nicht zu kontrollieren, aber die Gnade auch nicht." Er drückte Don Pedro und raunte: „Verzeih, spanischer Freund."

Ihr aller Schweigen lag unbeweglich schwer im Raum, als nach einer für sie als unendlich lang empfundenen Zeit die Pforte geöffnet wurde und drei mit Lanzen Bewaffnete Balthasar Paul anschrien: „Du bleibst – und ihr folgt. Jetzt!"

Die Annalen der Stadt Amsterdam erzählen von einer bedrohlichen Gefahr. Und das war bemerkenswert, wo sich doch in der nachfolgenden Herrschaftsgeschichte immer mehr der Hang zu den holländischen Machthabern zeigte, jedenfalls in den nördlichen Regionen. Sie erzählen von mit Sprengstoff gefüllten Kästchen, die sich sicher den Blicken entzogen hatten, weil sie in flachen Booten festgemacht waren, die sich unterhalb des hölzernen Fundamentes von Börse, Rathaus und Handelshaus befunden hatten und mit Lunten versehen waren, wie es im spanischen Heer üblich war. Da das Stadtoberhaupt und der Rat fast einen neuen spanischen Angriffskrieg darin sahen, wurden zwei spanische Ganoven dem Richterrat, der aus drei Richtern bestand, vorgeführt. Sie sprachen vor der ganzen Stadtversammlung ihr Urteil, damit alle es hörten. Zwei Richter hörten, einer von ihnen kaum, bei den spanischen Namen zu, und was die beiden Angeklagten sprachen, einer jedoch schon, und zwar genau. „Ihr seid aus dem Hause Don Luis de Zuniga, wenn auch in zweiter Linie. Euch adelt, dass ihr Amsterdam fast zu der Schwäche zurückgebracht habt, weswegen es sich aus dem spanischen Herschaftanspruch löste. Nun ertrinkt Ihr in Eurem eigenen Blut.“ Niemand erhob Einspruch gegen das Fallbeil des städtischen Henkers oder die zahlreichen Kugeln des Standgerichtes, durch die beiden Angeklagten fielen. Außerhalb der üblichen Zeiten, bei Anbruch der abendlichen Stunde.

Über den Holländer, der bei der Börse gefasst wurde, existiert eine typische Akte. Mit diesen Akten, diesen Annalen, hatte Amsterdam nach seiner Hinwendung zu den Vereinigten Niederlande angefangen, denn in der spanischen Besatzung gab es diese Annalen über das besetzte Land und seine Bewohner nur dann, wenn sie höchstem Adel entstammten.

Weil der Prozess nicht nur gegen Spanier und Ganoven, sondern auch gegen einen Spion geführt wurde, wurde er für die zwei folgenden Tagen festgesetzt. Am ersten Tag brachten die Männer die Liste über die mit Sprengstoff gefüllten Behälter, die sich in dem tief liegenden Boot befunden hatten und deren Sprengkraft jedes Gebälk, auch das der Börse, zerrissen hätte. Die Explosion wäre wahrscheinlich bis an die Grenze der Niederlande zu hören gewesen.

Es handelte sich um Behälter, mit denen, wenn es nicht anders ging, der spanische Statthalter die Stadttore in die Luft sprengen ließ, die ihm im Wege waren. Und die offenbar jemand wie Balthasar Paul eher in die Hände bekommen hatte, als es für eine holländische Kompanie möglich gewesen wäre.

Balthasar Paul wurde nach dem vorläufgen ersten Verhör in die unterste Kellerzelle der Gefängnisinsel überführt. Dort blieb er bis zum nächsten Tage, für den die persönliche Anhörung geplant war und die Urteilsvollstreckung.

25. Abschnitt
Das entschwindende Spiegelwort

Mit der rasch zusammengerafften Kleidung und anderem war ihm die Spanierin – wie Balthasar es sich von ihr gewünscht hatte – in der Nacht in sein graues Vorstadtanwesen gefolgt. Dann hatte sie und Balthasar Robertus vor dessen Weg zur Schule und bevor er fragte, erklärt: „Robertus, ab jetzt hast du nicht nur mich, sondern auch wieder eine ganz liebe, liebe Mutter an deiner Seite die bei uns lebt und wie ich an deiner Seite steht.“ An diesem Tag ahnte Robertus zu so früher Stunde noch nicht, dass es auch Ungewisses enthielt, was der Vater eben zu ihm gesagt hatte.

Einige Zeit später aber übergab Balthasar, bevor er später seinen Weg an die Graten-Uferpromenade Amsterdams aufnahm, Isabella zwei Schlüssel aus seinem Wandtresor. „Hör mich bitte an, du, meine gute Frau. Denn sollte alles umsonst sein und ich gefangen werden, so gib dem alten Wächter der Gefängnisinsel diese beiden Schlüssel. Tue es nur bei Nacht, nur dann kannst du ihn aufsuchen. Führe das Boot zusammen mit Robertus zum äußersten Inselufer unterhalb des Gefängnisses. Sage ihm, dem Wächter: ‚Gut ist besser als klug!’ Er versteht als Einziger diese Botschaft, weil er ein Mann ist, dem die Kraft zu heilen und zu segnen eigen ist.“

„Oh je, dass es so aber nicht kommen mag!“, erwiderte sie verängstigt und beklommen, sie, die – wie auch er für sie – eine ausgesprochene Wertschätzung, Anerkennung und Liebe empfand. „Wir drei verlassen doch dann Amsterdam, nicht wahr?“, sagte sie zu ihm gefasst.

Er schwieg, nickte, dann antwortete er: „Ein verschwiegenes Geheimnis ist dir anvertraut, Isabella Álvarez, meine Sonne ist dir damit übergeben. Alle Windungen meiner Seele haben schon andere Gesichter gesehen mit selbstloser Freude, mit feindlichem Argwohn und umgekehrt! Doch gelingt es, so bleiben wir, aber so, wie wir nie hier lebten, und das Leben sorgt für unser Morgen, dass das Hier auch in deiner Heimat sein könnte.“ Dann drückte er sie wortlos an sich, löste sich und verließ das Haus.

Durch eines der Fenster schaute sie ihm nach. Es war ihr wie der Moment aus einer Vision, als wäre es ein Erwarten von kommenden, und darin sah sie die Bäume und Sträucher verwildern.

Der Tag verging, nur Schemen waren noch zu erkennen, die sich endgültig an die Nacht verloren. Unzweifelhaft begann die Nacht, auch für Robertus und seine neue Mutter. Noch saßen sie beide an einem mit einem Kerzenleuchter beschienenen Tisch.

„Langsam verlieren wir ihn, Robertus. Es bleibt stumm um ihn“, sagte Isabella. Dabei nickte er nur bedächtig.

Er, der an diesem Tag um Jahre gealtert schien, setzte fort: „Ich wäre gerne wie das undurchsichtige Dunkle draußen, dürfte machen, was ich wollte. Ich würde meinen Vater, der sich vielleicht nicht mehr selbst bewegen kann, bewegen. Er ist mein treuer Vater, er hat seine Vergangenheit gehabt. Aber jetzt ist mir, als hätten wir, er, du und ich, keine Zukunft mehr. Mir ist es wie ein Sturm, der sonderte einen wirbelnden Schemen in die Welt, der Welt, der er nicht mehr zugehört. Ach, ich bin so verwirrt“, endete er und hielt die Hände vor sein Gesicht.

„Nein, nein!“, sagte Isabella bestimmt und strich Robertus über sein Haar. „Robertus wir gehen jetzt beide los! Balthasar, dein Vater ruft, auch wenn seine Stimme uns noch nicht erreicht hat. Mit meiner aber sage ich dir, was dein Vater mir sagte und was für uns beide zu tun ist.“

Das war in den Nachtstunden, bevor Balthasar hingerichtet werden sollte.

Erst gingen sie über den lichtlosen Weg von ihrem Haus zu einer der Kanalgrachten, an der von der Straße aus die schmale Treppe zu dem hölzernen Pfosten führte, an dem ein Kahn mit einem Seil befestigt war. Sie sahen die Ruder auf dem Boden des Kahns liegen, lösten die Halteschlinge, sprangen rasch in das vom Kanalwasser vorangetriebene Boot und ruderten langsam durch die nebelwabernde Nacht, bis an die äußerste Uferstelle an der Gefängnisinsel, wo sie ihr Boot sacht auflaufen ließen.

Isabella schickte Robertus, während sie am Boot wartete, auf den Nebel umfangenen fast vergessenen Pfad.

Er lief den feuchten, steinigen, unebenen Weg entlang, der außen die sehr hohen Mauer umrundete und zu dem Wärterhaus führte, das dem Gefängnisbau vorgelagert war.

Beklommen, langsam, noch außer Atem näherte er sich dem kräftigen, groß gewachsenen Wächter, der vor das Wachhaus getreten war und der den leisen Schritten lauschte, die auf ihn zukamen. Die eine Hand am Schwertknauf, in der anderen den Spieß, gewahrte er der dunklen Gestalt des Jungen.

Robertus erblickte ihn, ging noch ein paar Schritte und blieb ängstlich stehen, wobei er unsicher zu ihm aufsah.

„Was, Junge, treibt dich hierher an diesen unwirklichen Ort in tiefer Nacht?“, klang die wohltönende Stimme des kraftvollen Wächters.

„Herr … Herr“, stotterte Robertus. „Ich … ich weiß doch gar nicht, Herr, ob Ihr mich überhaupt kennt. Es ist, weil Mutter mich zu Euch schickt. Sie sagt, mein lieber Vater sei hier an dem von Euch bewachten Ort.“ Ein wenig versagte ihm die Stimme, bis er zögerlich fortfuhr: „… und Vater sagte heute morgen meiner lieben Mutter und mir, ich soll Euch sagen: ‚Gut ist besser als klug‘ und Euch dann diese zwei Schlüssel übergeben.“

Er reichte sie ihm ängstlich, um dann etwas zurückzuweichen vom Wächter, der mit seiner Hand die metallische Härte der Schlüssel prüfte.

„Habe keine Angst, Robertus, so heißt du doch, nicht wahr?“

„Ja, Robertus Paul, so heiße ich.“ Und er fasste, trotz dieser unwirklichen Situation, so viel Zutrauen zu dem wachenden Mann, dass er aufgeregt wurde und fragte: „Darf ich jetzt zum Vater?“

„Nein, niemand darf zu ihm“, bestimmte der Wächter ruhig und setzte leiser fort: „Aber wisse, Robertus, dein Vater wird kommen zu dir und Frau Isabella, die unten an eurem Boot wartet.“

Robertus sah staunend und bewundernd zu dem Mann hoch, bis er erneut fragte: „‚Gut ist besser als klug.’ Warum, Herr, sollte ich Euch denn diese Worte sagen? Bitte versteht, Isabella, meine neue Mutter, hat diese Worte in unser Gebetbuch geschrieben, nach unserem Gebet für den Vater und bevor wir losgingen, ihn zu suchen.“

„Es ist eine Parole, Robertus, für die, die tatsächlich so handeln; es ist viel, viel mehr als nur ein Losungsspruch“, erklärte der Wächter.

„Hat mein Vater denn auch anderen gegenüber so gehandelt?“, fragte der Junge.

„Das hat er gewiss. Von mir, meiner Frau und unseren Kindern gebührt ihm ein Leben lang Dank, seitdem ist es auch meine Losung.“

„Aber jetzt, Herr Wächter, darf niemand zu ihm, weil Ihr es nicht zulasst, wo er doch hier ist, nein, niemand darf ihn je wiedersehen. Was nur hat er denn getan?", schluchzte Robertus vor sich hin.

Die Hand des Wächters, in denen die Schlüssel lagen, hatte sich geschlossen. Er sah Robertus ernst an und sagte: „Ja, ja, dein Vater, Balthasar, er ist hier. Aber er ist zerbrochen zwischen dem Versprechen, das er deiner toten Mutter Barbara gab und zu halten versuchte, und eurer Zukunft, der Zukunft mit dir und der guten Spanierin Isabella. Sie ist die Frau, die deinen Schulkameraden Jürgen erzog, den ihr einst dein Vater als ein Findelkind brachte. Und dieser Jürgen war es, der gestern mit oberster Hilfe des Bürgermeisters verhinderte, dass drei der wichtigsten Gebäude der Stadt zerstört wurden, was letztlich die zwei Spanier und dein Vater anrichten wollten. Jürgen war es aber auch, der, damit das alles verhindert wurde, deinem Vater noch das Leben und das Leben vieler anderer gerettet hat. Robertus, nur wenn ihr drei – er, Isabella und du – jetzt für immer fortgeht, vermag ich deinen Vater die Schlüssel zu geben und er flieht, damit ihr weiterleben könnt."

Robertus war eingeschüchtert. Am wenigsten verstand er, dass ausgerechnet sein Schulkamerad, den er nur vom Schulhof kannte, der eine spanische Ziehmutter hatte und der nicht einmal seinen Vater kannte, ihm geholfen hatte.

Betroffen von dem, was er gehört hatte, klang das, was er fragte, verzweifelt leise: „Aber was hat mein Vater Euch, Herr Wächter, denn Gutes getan, dass ihr mir dies alles sagt?"

„Unsere Kinder waren einst ein wenig älter als du, Robertus, und wir waren arm, litten und hungerten. Weit weg von dem Haus, in dem ihr heute wohnt, am Stadtrand, hatten wir eine Hütte. Damals mietete ein reicher holländischer Edelherr euer graues Haus, zuvor hatte es einer spanische Sippe gehört. Dein Vater kannte, wie sich alles ereignete, bis er es schließlich erwarb. Der Reichtum des Mannes stammte von dem Handel mit hölzernen Pflöcken, die er den Spaniern im Süden, wo sie die Niederlande noch besetzt hielten, überall verkaufte. Dann stellte er für die Holländer in Amsterdam, für das Ausgraben der Öffnungen für die schweren Pfähle, auf denen manches Haus steht, die Kinder der Armen ein. Dafür gab er ihnen etwas zu essen und Kleidung. Auch unsere Kinder waren dabei. War aber ein Kind von der schweren Arbeit krank oder schwach geworden, dann schloss er es in die geheime Kammer über dem Turm ein und ließ es dort manches Mal bis seinem Tod. Er war reich, sodass selbst der Pfarrer uns Eltern verkündigte, niemand, wirklich niemand könne jene einzige verschlossene Kammertür, die ins Freie führte, öffnen! So gerieten auch unsere Kinder einmal erkrankt in diese Kammer. Meine Frau und ich waren verzweifelt! Wir zweifelten aber, ob es auch wirklich so war?

Balthasar, deinem Vater, und deiner lieben Mutter Barbara, die damals noch lebte, erzählten wir es in unserer Angst um unsere beiden Kinder aus blanker Not und als Einzige. Wer, meinst du, Robertus, befreite unsere Kinder und gab sie uns wieder?“

„Herr, das war Vater“, brach es voller Bewunderung aus Robertus heraus.

„Ja, es war dein Vater. Nur er konnte unser Leid verstehen, das ihn solche ganz außergewöhnliche Schlüssel machen ließ. Mit diesen Schlüsseln – denselben, mit denen meine Kinder sich befreien konnten – öffne ich zwei kleine Pforten, wenn du zurück zu dem Boot gehst. Ohne sie sind sie nicht zu öffnen. Sie befinden sich im tiefsten Keller dieses Gefängnisses, neben der Zelle, in der dein Vater sitzt. Die eine Pforte, die neben dem Wasserausfluss liegt, führt direkt ins

Freie. Durch die muss dein Vater dann mühsam und entschlossen hindurchkriechen!

Wenn schließlich ein letztes Mal die Losung leise in der Finsternis der Nacht, zwischen Balthasar und mir, wie ein entschwindendes Spiegelwort erklingt, schließe ich diese Pforten wieder, weil ich weiß, er ist auf dem Weg zu euch. Und es gilt weiter, diese Pforten sind von niemandem zu öffnen, weil ich sie wieder schließe! Ihr seid dann schon von der Halbinsel fort, auf den Wassern der Grachten, in deren schlammigen Grund ich die Schlüssel endgültig versenken werde. Denn hier, an diesem Tore, wo wir sind, kann er nicht durch, niemand kann das, sonst wären wir alle dem Tode geweiht. Jetzt aber segne Gott euch und euer Leben. Dass es so geschehen möge, deshalb, Robertus, laufe, laufe zurück!“

-Ende-

Hinweis:
Die Zeitangaben in dieser fiktional historischen Erzählung sind etwa an die des Quellenmaterials angelehnt. Dieses kann, als informative Daten für die Zeit des europäischen Absolutismus und der beginnenden Aufklärung, aus unterschiedlichen Quellen nachvollzogen werden. – Für diese, auf historischen Hintergrund beschriebene Erzählung, wird aber kein geschichts-, religions- oder epochenbezogener Anspruch für die faktischen Geschichtswirklichkeiten und deren Interpretation beansprucht.

Vita:
Thale Lind, lebt in der Nähe von Osnabrück, schreibt seit 2016 Prosa, Lyrik und historische Erzählungen.
Erschienen sind beim Rediroma-Verlag:
in 2020 „Dwynwen die cymbrische Einsiederlin von Llanddwyn“, ISBN: 978-3-96103-899-2, historischer Roman,
in 2021 „das dirceische Martyrium Donatas und ihrer Gefährtinnen“, ISBN: 978-3-96103-898-5, historischer Roman,

andere Prosatexte zu vorgegebenen Themen im Internetmagzin kkl für Kunst, Kultur und Literatur:
in 2022 und deren Ausgaben 17,19, 22,23
in 2023 und deren Ausgaben 29 und 32 siehe Internetportal: https://kunstkulturliteratur.com und Kanal #kkl

Teilnehmer des SternenBlick-Lyrikpreis 2023 unter dem Thema „Von Schattenschluchten & Lichterkuppen“

Legendenmaterial von ihm Roman angesprochenen:
Philipp der Zweite, König von Spanien,
Liste der spanischen Statthalter der Niederlande
Margarethe von Parma, 1559 – 1567 auch 1580 – 1583
Fernando Alvarez de Toledo, Herzog von Alba, 1567 – 1573
Don Luis de Zuniga y Requesens, 1573 – 1576
Don Juan de Austria, 1576 – 1578
Alessandro Farnese, 1578 – 1592

Spanische und holländische Personen, soweit wie genannt:
Juan de Escobedo, geb.? – ermordet 1578 (Sekretär von Don Juan de Austria und Politiker)
Antonio Perez, 1534 – 1611, spanischer Höfling (Sekretär unter König Philipp II von Spanien – dann Flüchtling).
Francesco De Marchi, 1504 – 1576 (Architekt der Adelsfamilie Farnese und Margarethes von Parma, Wilhelm von Oranien (Willem van Oranje), 1533 – 1584 (führende Persönlichkeit des Unabhängigkeitskampfes gegen die spanische Besetzung)
mit Egmont von Gaure, niederländischer Graf,

Fiktionale holländische und spanische Figuren in den Episoden des Romans
Prinzessin von Nerola, sizilianische Adelige in Den Haag für Spanien
Helmut Friedrich Paul, holländischer Bürger, Entführer, schließlich Widerständler gegen Amsterdam, Balthasar Paul, Deckname des Helmut Friedrich Paul
Isabella Alvarez, Witwe, Ziehmutter des Kindes Jürgen, Widerständlerin gegen Albert van Uphoven,
Omino Isabella Alvarez, verstorbene Großmutter von Isabella unter Don Luis de Zuniga,
Jan van Uphoven, der Todfeind von Helmut Friedrich Paul, Vater von Jürgen

Adalbert van Uphoven, Leutnant, und sein Bruder Jan reichester Kaufherr
Jürgen van Uphoven, Niederländer, Ziehkind von Isabella Alvarez
Graf Solvina, Spanischer Abgesandter des Königs in Den Haag
Don Pedro und Don Miguel, beides spanische Straftäter die mit Balthasar Paul für das Attentat in Amsterdam von Graf Solvina und Prinzessin von Nerola gelenkt werden
Don Oktivio, spanischer Gefangener, der gegen Bestechung Falschaussage macht
Bürgermeister Bicker, wichtigster Bürgermeister Amsterdams dieser Zeit,
Trautchen (Gertraudis), Kind von Bürgermeister Bicker
Robertus, Sohn von Barbara Uphoven und Helmut Friedrich Paul (Deckname Balthasar)
Teresa van Ojeddea, niederländischer Edel und Mäzen Amsterdams

besonderes Ortsereignis: das Mirakel des eucharistischen Wunders von Amsterdam.

Quellenmaterial zu der Liste der spanischen Statthalter der Niederlande, anderen spanischen und holländische Personen sowie allgemein unpersönliche zeitgeschichtliche Quellen

Allgemeine Ereignisquellen

https://neon.niederlandistik.fu-berlin.de: die Niederlande im 16. und 17.Jahrhundert https://gloria.tv/postKKhxz2QRrfC6GAMt3 – das Mirakel das eucharistische Wunder von Amsterdam – P.Paul Maria Sigl – abgerufen 22.05.2022 Wikipedia, Alteratie von Amsterdam 22.12.2021 Wikipedia, Leyenda negra 09.12.2021 Wikipedia,
Geschichte Amsterdams 22.05.2022 und 09.08.2021 Wikipedia, Antwerpen 09.08.2021 alle Texte: Themen in Wikipedia abgerufen
Republik der Sieben Vereinigten Provinzen 05.12.2021
Genter Pazifikation 26.11.2021
Utrechter Union 05.12.2021
Union von Arras 05.12.2021
L'Aquila 01.12.2021
Ewiges Edikt 25.11.2021
Zitadelle von Namur 18.10.2021
Plakkaat van Verlatinghe 05.12.2021
alle Texte in https://www.uni-muenster.de/niederlande